高等院校物流管理专业系列教材

项目资助：教育部人文社科项目青年基金(编号18YJC630120)

物流系统建模与仿真

主　编　马洪伟
副主编　张镇洁　黄裕程

微信扫码 申请资源

南京大学出版社

图书在版编目(CIP)数据

物流系统建模与仿真 / 马洪伟主编. —南京：南京大学出版社，2020.1
ISBN 978-7-305-22677-9

Ⅰ. ①物… Ⅱ. ①马… Ⅲ. ①物流—系统建模 ②物流—系统仿真 Ⅳ. ①F253.9

中国版本图书馆 CIP 数据核字(2019)第 257220 号

出版发行　南京大学出版社
社　　址　南京市汉口路 22 号　　邮编　210093
出版 人　金鑫荣

书　　名　物流系统建模与仿真
主　　编　马洪伟
责任编辑　郭　萍　武　坦　　编辑热线 025-83592315
照　　排　南京理工大学资产经营有限公司
印　　刷　南京理工大学资产经营有限公司
开　　本　787×1092　1/16　印张 9.75　字数 237 千
版　　次　2020 年 1 月第 1 版　2020 年 1 月第 1 次印刷
ISBN　978-7-305-22677-9
定　　价　32.00 元

网　　址：http://www.njupco.com
官方微博：http://weibo.com/njupco
微信服务号：njuyuexue
销售咨询热线：(025)83594756

＊ 版权所有，侵权必究
＊ 凡购买南大版图书，如有印装质量问题，请与所购
　图书销售部门联系调换

前　言

仿真是利用模型研究系统的方法,已经有近50年的发展历史。在宇航、军事、自动化、电力等领域得到了广泛和有效的应用。随着计算机技术的发展和人们对各个领域研究的深入,系统仿真技术日益成熟,应用领域不断扩大。

近年来,现代物流越来越得到人们广泛的关注,物流具有覆盖面宽、综合性强、涉及面广的特点。它覆盖了工业、农业和服务业,综合了管理与工程的多个领域,涉及交通运输、仓储、包装、服务、信息等多个领域。物流的发展不仅关系企业自身的发展,对整个国民经济的发展也起到了至关重要的作用。因此,推动传统物流向现代物流的转变成为人们追求的共同目标。

将系统仿真技术引入现代物流的研究,能够辅助人们科学地规划和设计物流系统、科学地控制物流运行过程、科学地调配物流资源,从而促进物流系统的整体优化。同时,物流产业的蓬勃发展也将促进系统仿真技术的发展,并为系统仿真的应用开拓一个全新的领域。

为了方便教学和读者自学,我们将系统仿真基本原理与FlexSim软件操作指导汇集在一起。第一章至第六章介绍基本原理。其中,第一章是概述,主要介绍系统仿真技术的发展历史、特点、应用、相关技术以及发展趋势;第二章介绍系统仿真的基本知识,包括基本概念、离散事件系统仿真、排队系统仿真以及库存系统仿真;第三章介绍随机数与随机变量的基本概念、常用分布、随机数发生器、随机数性能测试以及随机变量的产生方法;第四章介绍仿真输入数据分析;第五章介绍几种主要的系统仿真算法,包括事件调度法、活动扫描法、三段扫描法和进程交互法;第六章介绍仿真输出数据分析及其评价的有关概念和方法;第七章至第十章介绍FlexSim软件的应用,其中,第七章是FlexSim仿真软件简介,第八章到第十章是FlexSim建模实验指导。

FlexSim软件应用的编写遵循从粗到细、由浅入深的基本原则。对于FlexSim的很多基本概念,在前面的章节里先进行必要的定义和概要的介绍,在后面的章节里再进行详细介绍和使用方法的辅导。读者在使用本书时可以前后呼应,对相关的内容反复学习。

通过本书的学习,读者不仅可以初步掌握物流系统仿真的基本原理,同时还可以掌握实际系统仿真的步骤与方法。

　　本书由上海电机学院马洪伟老师任主编,主持全书的编写工作,负责编写第一章到第七章;张镇洁老师任副主编,主要负责编写第八章和第九章;上海海事大学附属职业技术学校黄裕程老师负责编写第十章。参加编写的人员还有西南交通大学邱小平教授,上海电机学院潘红燕、张薇薇、杨诚意等。

　　本书可作为高等院校经济管理、物流工程、物流管理、工业工程、系统工程等相关专业本科生课程的教材,还可以作为物流企业管理技术人员的学习资料。

　　由于编者水平所限,书中难免有不足之处,欢迎广大读者提出批评和建议。

编　者

2019 年 11 月

目 录

第一章 概 论 1
 第一节 系统与系统模型 1
 第二节 系统仿真概述 2
 第三节 系统仿真的特点 4
 第四节 物流系统仿真和技术 4
 第五节 系统仿真的发展趋势 5

第二章 系统仿真基本知识 8
 第一节 连续系统和离散事件系统 8
 第二节 离散事件系统仿真方法 9
 第三节 排队系统 14
 第四节 库存系统 16

第三章 随机数与随机变量 19
 第一节 确定性系统与随机系统 19
 第二节 随机变量与随机数相关概念 21
 第三节 随机数发生器 23
 第四节 随机数性能测试 26
 第五节 随机变量的产生方法 30

第四章 仿真输入数据分析 36
 第一节 仿真输入数据分析概述 36

  第二节 数据的收集与处理 ………………………………………………… 37
  第三节 数据分布的分析与假设 ……………………………………………… 38
  第四节 参数的估计 …………………………………………………………… 45
  第五节 拟合优度检验 ………………………………………………………… 47
  第六节 案例分析——出行时间的分布 …………………………………… 51

第五章 离散事件系统仿真策略 ……………………………………………… 57

  第一节 事件调度法 …………………………………………………………… 57
  第二节 活动扫描法 …………………………………………………………… 60
  第三节 三段扫描法 …………………………………………………………… 62
  第四节 进程交互法 …………………………………………………………… 63

第六章 仿真输出数据分析及评价 ……………………………………………… 67

  第一节 概 述 …………………………………………………………… 67
  第二节 系统仿真的类型 ……………………………………………………… 69
  第三节 仿真结果的瞬态与稳态特征 ……………………………………… 71
  第四节 终态型仿真的结果分析 …………………………………………… 72
  第五节 稳态仿真的结果分析 …………………………………………… 74
  第六节 随机变量的比较 ……………………………………………………… 81
  第七节 敏感度分析 …………………………………………………………… 82
  第八节 正交设计 ……………………………………………………………… 82
  第九节 参数的优化方法 ……………………………………………………… 85

第七章 FlexSim 与仿真初步知识 ……………………………………………… 89

  第一节 FlexSim 介绍 ……………………………………………………… 89
  第二节 建立模型 ……………………………………………………………… 93
  第三节 模型实验 ……………………………………………………………… 103

第八章 简单的生产线模型 ……………………………………………………… 110

  第一节 简 介 …………………………………………………………… 110

第二节　建模与实验 …………………………………………………………… 111

第九章　操作员、输送机的使用 …………………………………………………… 120
　　第一节　FlexSim 软件概念学习 ………………………………………………… 120
　　第二节　建模与实验 …………………………………………………………… 122
　　第三节　Dashboard 使用 ………………………………………………………… 131

第十章　网络节点与输出报告 ……………………………………………………… 135
　　第一节　样条线节点 …………………………………………………………… 135
　　第二节　建模与实验 …………………………………………………………… 137

参考文献 ……………………………………………………………………………… 147

第一章 概 论

学习目标

1. 理解并掌握系统的概念。
2. 理解系统建模的理论意义和重要作用。
3. 掌握系统仿真的概念。
4. 理解系统仿真技术的特点。
5. 了解系统仿真发展的趋势。

第一节 系统与系统模型

"系统"这个词来源于古希腊语"system",有"共同"和"给以位置"的意思。目前关于系统的定义不是很统一,一般可以理解为"系统是由两个或两个以上的相互区别或相互作用的单元有机结合起来完成某一功能的综合体"。系统是一个非常广泛的概念,自然界、人类社会、一个企业,甚至一个人都可以看作一个系统。系统中的每一个单元也可以看作一个子系统。系统与系统的关系是相对的,一个系统可能是另一个更大系统的子系统,也可以继续分成更小的系统。从系统的定义可知,系统的形成须具备以下条件,即系统是由两个或两个以上的要素组成;各个要素都具有一定的目标;各要素之间相互联系,使系统保持相对稳定;系统具有一定的结构,保持系统的有序性,从而使系统具有特定的功能。

系统具有以下特征:

(1) **整体性**。组成系统的各个要素不是简单地集合在一起,而是有机地组成一个整体,每个要素要服从整体,追求整体最优,而非每个元素最优。

(2) **相关性**。组成系统的各个要素相互关联并相互作用。系统各个要素之间相互关联、相互支援和相互制约,有机结合成为有特定功能的社会系统。

(3) **层次性**。系统的层次性是指系统的每个元素本身又可看作一个系统,人们称为系统的"子系统"。以交通系统为例,它又可分为民航系统、公路系统、铁路系统、水运系统等。

(4) **目的性**。任何系统都是有目的和目标的。例如,教育系统的目的是为了提高教学水平和人们的素质。系统的目的是通过系统的功能达到和实现的,因此任何系统都具备某种功能。

(5) 系统对环境的适应性。任何系统都处于一定的环境之中,系统要受到环境的影响和制约,也要对环境的变化产生某种反应。人们把环境对系统的影响称为刺激或冲击,而系统对环境的反应称为反响。系统对环境的适应性表现为环境对系统提出的限制和系统对环境的反馈控制作用。

系统分为工程系统和非工程系统两大类:工程系统,如航空、航天、核能、工业过程控制的系统分析、系统设计、系统测试、系统功能实验和人员模拟操作训练等;非工程系统,如社会、经济、企业管理、农业、生态环境等系统的预测、控制和决策。

系统模型是反映系统内部要素的关系、系统某些方面本质特征以及内部要素与外界环境关系的系统的抽象。模型主要分为两大类,一种是形象模型,另一种是抽象模型。

形象模型是将系统的物理或几何特征提取出来建立的模型,可以是比例的,也可以是实物的。例如,按比例缩小的建筑木模、风洞实验中的飞机模型等,大多数物理模型是形象模型等。抽象模型包括概念模型、模拟模型、图表模型、数学模型等。

数学模型又可以细化为:

(1) 按变量分有确定模型或随机模型;

(2) 按变量之间的关系分有线性模型或非线性模型;

(3) 按变量取值分有连续模型或离散模型;

(4) 按时间分有动态模型或静态模型;

(5) 按功能用途分有结构模型、评价模型、工程设计模型和预测模型。

第二节　系统仿真概述

系统仿真方法是建立系统模型,在模型上对系统进行实验研究的方法。系统仿真的基础理论包括系统理论、控制理论、相似理论、数据统计理论、信息处理理论、计算机技术等。

系统仿真是建立在系统理论、控制理论、相似理论、数理统计、信息技术和计算技术等理论基础之上的,以计算机和其他专用物理效应设备为工具,利用系统模型对真实或假想的系统进行试验,并借助于专家经验知识、统计数据和系统资料对试验结果进行分析研究,做出决策的一门综合性和试验性的学科。

早在几千年前,我们的先人就懂得了系统仿真的基本原理。中国象棋是用于对古代战争进行仿真的游戏,军事沙盘用来仿真两军对阵的战略,建筑中用木模研究实际建筑物的结构与承载性能等。20 世纪 40 年代,冯·诺依曼正式提出了系统仿真的概念。1952 年美国成立了仿真学会,1963 年出版了仿真领域最具权威性的学术刊物 SIMULATION 后,系统仿真逐渐成为一门独立的学科。

人们在研究一个较为复杂的系统时,通常可以采用两种方法:一种是直接在实际系统上进行研究;另一种就是在系统的模型上进行研究。在实际系统上研究固然有其真实可信的优点,但是很多情况下是不合适甚至不可行的。这主要有以下几方面的原因:

(1) 安全性。在研究重要的、有人身安全或设备安全问题的系统时,不允许在实际系统上进行实验,如宇航系统、核能系统、航空系统等。

(2) 系统的不可逆。有很多系统是不可逆的,如已经发生的灾害、生态系统等。

(3) 投资风险过大。一些重大的工程项目、重大设备系统很复杂,投资巨大,不允许在实际系统上进行破坏性的实验。

(4) 研究时间过长。多数情况下,在实际系统上研究问题往往需要历经较长的时间。例如,研究复杂的生态系统需要历经数十年,研究一个交通运输系统,至少也需要数天甚至数月的运行情况。

(5) 真实的系统尚未建成。在系统规划设计阶段需要评价方案的优劣,显然无法在真实系统上进行。

出于以上主要原因,利用模型来研究系统不仅是必要的,甚至在某些情况下是唯一可行的方法。

系统仿真技术有多种分类方法。按模型的类型可分为连续系统仿真、离散事件系统仿真、连续/离散混合系统仿真和定性系统仿真。按仿真的实现方法和手段及模型的种类,可分为物理仿真与数学仿真。根据人和设备的真实程度,可分为实况仿真、虚拟仿真和构造仿真。

连续系统仿真是指系统状态随时间连续变化的系统的仿真。离散事件系统仿真则是指系统状态只在一些时间点上发生变化的系统的仿真。在系统仿真技术的发展历史中,连续系统仿真较早得到发展和成熟的应用,最为成熟的领域包括自动控制、电力系统、宇航、航空等。离散事件系统仿真是随着管理科学的不断发展和先进制造系统的发展,逐渐被重视并发展起来的。目前在交通运输管理、城市规划设计、库存控制、制造物流等领域都开展了离散事件系统仿真的理论和应用研究。

物理仿真是建立系统的物理模型。最早的仿真起源于物理仿真,如航空飞行用空洞实验研究气流对飞机飞行的影响。数学仿真则是通过建立系统的数学模型进行研究。数学仿真又分为模拟仿真和数字仿真。数字仿真就是建立系统的数字模型。由于数字仿真依赖计算机,并需要处理大量数据,要求能快速计算,因此数字仿真是随着计算机的发展而形成并不断成熟起来的。随着计算机的发展,数字仿真的研究和应用在系统仿真中占有越来越大的比重。

西方工业发达国家系统仿真技术的应用非常普遍。20世纪90年代初,美国提出了22项国家关键技术,系统仿真技术被列为第16项;美国国防部提出了21项国防关键技术,系统仿真技术被列为第6项。美国已严格规定所有重要的武器研究,必须进行仿真实验后才可投入正式生产和使用。

根据20世纪80年代末的统计,日本企业运用系统工程解决管理与决策问题时,采用系统仿真的已经超过80%。英国制造业也普遍采用系统仿真方法解决物料控制、人力配置、调度评估、投资策略及均衡生产等问题。据国外应用统计,运用系统仿真优化系统设计规划可减少投资约30%,在库存控制方面可减少库存约15%。

第三节　系统仿真的特点

系统仿真技术是模型(物理的、数学的或非数学的)的建立、验证和试验运行技术。

现代仿真技术的特点可归纳为以下几点：

(1) 系统仿真技术是一门通用的支撑性技术。在决策者们面对一些重大的、棘手的问题时，能以其他方法无法替代的特殊功能，为其提供关键性的见解和创新的观点。

(2) 系统仿真技术学科的发展具有相对的独立性，同时又与声、光、机、电，特别是信息等众多专业技术领域的发展互为促进。因此，系统仿真技术具有学科面广、综合性强、应用领域宽、无破坏性、可重复、安全、经济、可控以及不受气候条件和场地空间的限制等独特优点。这是其他技术无法比拟的。

(3) 系统仿真技术的发展与应用紧密相关。需求牵引应用、系统带技术、技术促系统、系统服务于应用，这是一个辩证的关系，应用需求是推动系统仿真技术发展的原动力。系统仿真技术应用效益不但与其技术水平的高低有关，还与应用领域的发展密切相关。大量实例表明，系统仿真技术的有效应用必须依托于先进的仿真系统，只有服务于应用的仿真系统向前发展了，才能带动系统仿真技术的发展。

(4) 系统仿真技术应用正向"全系统""系统全生命周期""系统全方位管理"发展，这些都基于仿真技术的发展。

第四节　物流系统仿真和技术

仿真本质上是一种知识处理的过程，典型的系统仿真过程包括系统模型建立、仿真模型建立、仿真程序设计、仿真试验和数据分析处理等，它涉及多学科、多领域的知识与经验。随着现代信息技术的高速发展以及军用和民用领域对仿真技术的迫切需求，系统仿真技术也得到了飞速的发展。

系统仿真技术发展到今天，已经越来越多地集成到对重要运作的决策中。系统仿真技术在汽车、烟草、医药、化工、军事配送、机械、第三方物流、食品、电子、电器等各个行业取得了广泛的应用，其应用贯穿于产品设计、生产过程、销售配送，直至产品寿命结束废弃以及回收阶段。离散事件系统仿真在各行各业的物流管理技术和手段中已取得了不可替代的地位。

早期的物流系统仿真主要通过建立数学模型进行处理，即一般仿真技术中的数学仿真。因此，物流系统的数学仿真一般过程与物流系统模型的建立类似。

现代流通与生产过程则更加注重整体的效益。物流作为一个多因素、多目标的复杂系统，追求其整体的优化是一个复杂的系统分析问题。现代物流越来越多地强调物流的系统化和综合化，现代物流与传统物流的本质区别逐渐显现出来。正是由于现代物流的这一特点，尤其需要运用系统分析的方法对其进行分析研究。

传统的经验分析和人工调度已不能适应复杂系统和现代管理的要求。过去,一个企业有十几辆、几十辆车,负责产成品的运输。车辆的调度完全依靠管理人员、调度人员的已有经验。今后,企业物流逐步走向社会化,企业要降低成本,缩短供货期,对物流提出了更高的要求,不仅仅是满足车辆的调配,更需要合理选择运输路线、合理配载、返程货物搭载等。随着市场不断变化的生产和供货,需要管理人员动态调整计划,人工的、经验式的管理必须用科学的控制管理方式替代。系统仿真正适应了物流系统的复杂化和物流目标的多样化的发展需要。

用系统仿真方法研究物流系统可以分为以下几类:

(1) 物流过程的仿真研究。物流过程是指运输、仓储、装卸、包装等物流的功能过程。研究目的归结为回答一些问题,诸如在时间的进程中,这些过程是如何进行推进的;推进过程中发生了哪些事件;这些事件引起系统状态发生了哪些状态变化;等等。用仿真工具研究这类物流的问题,我们归结为物流过程的仿真研究。例如,通过公路运输系统过程的仿真研究,可以分析运输过程中公共运输的规划与效率、交通事故的影响、迂回路线的选择等问题。通过自动化物流过程仿真可以分析自动化物流系统设备布局的合理性、设备运行的效率、系统的生产率、系统中设备的利用率等。

(2) 物流管理的仿真研究。物流管理的仿真研究为物流管理的决策服务,如运输网络的布局规划、物流园区规划、供应链的控制策略等。

(3) 物流成本的仿真研究。物流成本的计算是一件极其细致、复杂的事情,传统的制造业中,往往将物流成本与供应或销售的成本混在一起计算,因此无法准确掌握物流的成本,也就无法根据物流成本的计算改进物流的流程和操作。目前还很少有利用计算机仿真进行物流成本计算的案例。应该说在统计作业状态的同时,统计其成本的仿真是事半功倍的。

第五节 系统仿真的发展趋势

现代仿真技术的发展是与控制工程、系统工程和计算机技术的发展密切相关的。控制工程是仿真技术较早应用的领域之一,控制工程技术的发展为现代仿真技术的形成和发展奠定了良好的基础。系统工程的发展进一步完善了系统建模与仿真的理论体系,同时使系统仿真广泛应用于非工程系统的研究和预测。

目前,仿真技术正朝着一体化建模与仿真环境的方向稳步发展。

一、建模方法学

在早期的仿真技术中,重点是如何利用数学模型求解问题,侧重于研究建模过程中数学模型的结构特征以及操作数学模型所利用的数学工具和手段。如今计算机功能越来越强大,仿真技术的领域有了很大的拓展。从建模方法学(Modeling Methodology)角度讲,除了继续研究人如何利用抽象的数学模型描述系统外,还要研究能够充分利用计算机功能的新的建模方法。例如,目前研究较多的面向对象的建模方法和图形建模技术都是利用计算机的软件技术方法提供一种直观可视化的建模环境,使复杂的建模过程简单化。

二、面向对象仿真

面向对象的思想就是使所分析和研究系统的建模方式与对客观世界的认识过程尽可能一致。在面向对象的仿真(Object-oriented Simulation)中,系统被看成是由对象组成的,对象是一个独立的实体,对象的属性和属性的变化规律即对对象的操作完全封装在对象内部,外部的作用必须通过对象的操作接口来实现。面向对象的仿真系统的运行是通过对象之间相互发送消息来执行的。面向对象的仿真在理论上突破了传统仿真方法观念,使建模过程接近人的自然思维方式,所建立的模型具有内在的可扩充性和可重复性,有利于可视化建模仿真环境的建立,从而为大型复杂系统的仿真分析提供了方便的手段。

三、仿真软件

近 40 年来,仿真软件充分吸收了仿真方法学、计算机、网络或图像、多媒体、软件工程、自动控制、人工智能等技术领域所取得的新成果,从而得到了很大的发展。

四、人工智能与计算机仿真

近年来,人工智能(Artificial Intelligence)在知识获取、知识表示、问题解答、定理证明、程序自动设计自然语言理解、计算机视觉、机器人学、机器学习和专家系统等方面取得了令人鼓舞的成果和进展。人工智能技术与计算机仿真相结合的应用已经引起仿真领域的普遍关注。

五、虚拟现实技术

虚拟现实技术(Virtual Reality)是在综合系统仿真技术、计算机图形技术、传感技术、现实技术等多种学科技术的基础上发展起来的。它以仿真的方式使人置身于一个虚拟世界中。3 个"I"是虚拟现实的基本特征,即沉浸(Immersion)、交互(Interaction)、构思(Imagination),我们可以沉浸在一个由计算机系统所创造的虚拟环境中,与虚拟环境发生交互作用,并得到与实际的物理参与联试所能获得的相同或相似的感受。进一步的研究包括分布式虚拟环境、虚拟环境建模、分布式可交互环境数据库、虚拟环境显示、虚拟测试分布式多维人机交互及标准化等。

六、分布仿真技术

分布仿真技术是仿真技术的最新发展成果,它在最高体系结构(High Level Architecture,HLA)上,建立了一个广泛的应用领域内分布在不同地域上的各种仿真系统实现互操作和重用的框架及规范。分布仿真技术经历了 SIMULATION,DIS2.X 和 ALSP 各个阶段后,最近又提出了 HLA。HLA 的基本思想就是使用面向对象的方法,设计、开发及实现系统不同层次和粒度的对象模型,以获得仿真部件和仿真系统高层次上的互操作性与可重用性。进一步的研究包括仿真部件和仿真系统高层次上的互操作性与可重用性、系统总体结构和体系结构、标准和规范及协议、虚拟环境、支撑平台与工具、人的行为描述、实时决策与演练管理、仿真管理、安全管理、网络管理等。

七、Internet 网上仿真

1995年以来，由于 Internet 的迅速崛起，利用面向对象的互联网程序语言 Java 已经开发了多种面向 WWW（World Wide Web）的仿真系统，如美国海军研究院的 Simkit 可以在浏览器的支持下进行分布式仿真，用 Simkit 建立的仿真模型可以在世界任何地点的网络用户机上运行，使分布在各网点的用户仿真模型可在其他网点上运行或进行全球范围内总体仿真模型的分布式仿真运行。近年来，利用面向 WWW 的程序语言开发离散事件仿真系统、基于 WWW 的仿真建模以及互联网上的仿真运行已成为系统仿真中研究工作的热点。

随着仿真技术在物流领域应用的拓展，仿真技术的相关技术在物流领域也获得了进一步的发展。

思考题

1. 结合实际，谈谈仿真技术的广泛应用。
2. 简述物流系统仿真的分类。
3. 简述系统仿真技术的特点。

第二章 系统仿真基本知识

学习目标

1. 理解系统、模型与系统仿真之间的联系。
2. 掌握连续系统和离散事件系统仿真的区别和联系。
3. 理解并掌握离散事件系统的基本要素。
4. 理解单品种库存系统仿真。
5. 掌握排队系统的概念及主要指标。
6. 掌握库存系统的概念及主要指标。
7. 掌握确定性系统和非确定性系统的主要区别。

系统仿真方法是指建立系统模型,在模型上对系统进行实验研究的方法。系统仿真的基础理论是系统理论、控制理论、相似理论、数据统计理论、信息处理理论、计算机技术等。

第一节 连续系统和离散事件系统

连续系统服从于物理学定律(电学、力学、热学),其数学模型可表示为传统意义上的微分方程或差分方程。其系统的状态变量随时间而发生连续变化。多数工程系统属于连续系统,如电力系统、机电工程系统、航空发动机系统、液压系统等。

离散事件系统(DEDS/DES)指系统的状态在一些离散时间点上由于某种时间的驱动而发生变化。其数学模型很难用数学方程来表示,其模型如下:

$$M=(T,U,X,Y,\Omega,\lambda) \tag{2-1}$$

式中,T——时间基;

U——输入变量;

X——状态变量;

Y——输出变量;

Ω——状态转移函数;

λ——状态空间。

连续系统和离散事件系统的区别表现在以下几个方面：

（1）时间基。连续系统的时间基是一个确定的值。例如，研究一个液压系统，一般是在一个确定的时间间隔内对其液体压力、流量等进行实验研究。这个时间间隔的起始点是系统初始启动的时刻，而中止时刻可以选择系统达到稳态后的任何时刻。离散事件系统的时间基则是可变的，而且随着时间基的变化，仿真结果也各不相同。例如，仿真一个仓库时，时间基可以定为仓库开门的时刻至下班的时刻，也可以定为开门后一小时至下班的时刻。显然，这两种仿真，系统的初始状态不同，仿真的结果也不相同。这是因为离散事件系统仿真的结果是一个统计的结果，它与统计的区段有关。

（2）输入变量。连续系统的输入变量通常是一个确定性变量，而离散事件系统的变量往往带有随机性。因此，离散事件系统的模型也被称为随机类型。输出变量与输入变量情况相同。

（3）状态变量。连续系统的状态变量一般也是一个连续变量，而离散事件系统的状态变量则可能是非连续的，如仓库货位的状态是空或非空。

（4）状态转移函数。在连续系统中，存在一个状态转移函数，可通过其推出状态变量的变化过程。而离散事件系统则不存在状态转移函数，人们无法找到一个函数来表达状态变化的规律。

（5）状态空间。状态变量的集合所表述的空间。对于一个研究的连续系统，引进不同组合的状态变量，可以构造不同的状态空间模型。这一点离散事件系统是相同的。

连续系统仿真借助数字积分算法和离散相似算法等来求解表征系统变量之间关系的方程；离散事件系统仿真则是建立系统的概率模型，采用数值方法"执行"仿真模型。

系统的变量是反映系统各部分相互作用的一些确定或者随机事件；系统模型则反映这些事件和状态的值集；仿真结果，也就是"执行"的结果是产生处理这些事件的时间历程。

本书主要介绍离散事件系统仿真方法。

第二节　离散事件系统仿真方法

一、离散事件系统的基本要素

一个离散事件系统包括五个基本要素：实体、事件、属性、活动和进程。

（一）实体

在离散事件系统中的实体可分为两大类：临时实体和永久实体。在系统中只存在短时间的实体称为临时实体。临时实体按一定规律不断地到达（产生），在永久实体的作用下通过系统，最后离开系统，整个系统呈现出动态过程。

（二）事件

描述离散事件系统的另一个重要概念是"事件"。事件就是引起系统状态发生变化的行为。从某种意义上说，这类系统是由事件来驱动的。在一个系统中，往往有许多类事件，而事件的发生一般与某一类实体相关联，某一类事件的发生还可能会引起其他的事件的发生，或者是另一类事件发生的条件等。为了实现对系统中的事件进行管理，仿真模型中必须建立事件表，表中记录每一个发生了的或将要发生的事件类型和发生时间，以及与该事件相连的实体的有关属性等。

（三）属性

实体所有的特性称为实体的属性。这里需要强调的是实体可能具有若干特征，但是并不是所有的特征都被称为仿真系统的实体属性。只有那些与系统仿真相关的特征，才称为属性。例如，存入仓库的物品具有大小、形状、颜色、重量等固有的几何和物理特征，同时它们在作为出入库存放对象时，又具有到达时间间隔、到达批量等动态特征，显然在对库存系统进行仿真时，我们所关心的是后面所列举的特征。因此，在库存系统仿真时，后者被称为物品实体的属性、图形属性和被创建属性。

（四）活动

离散事件系统中的活动，通常用于表示两个可以区分的时间之间的过程，它标志着系统状态的转移。

（五）进程

进程由若干个有序事件及若干有序活动组成，一个进程描述了它所包括的事件及活动之间的相互逻辑关系及时序关系。

事件、活动、进程三个概念之间的关系如图2-1所示。事件是发生在某一时刻的行为，活动和进程则是发生在某个时间段的过程。

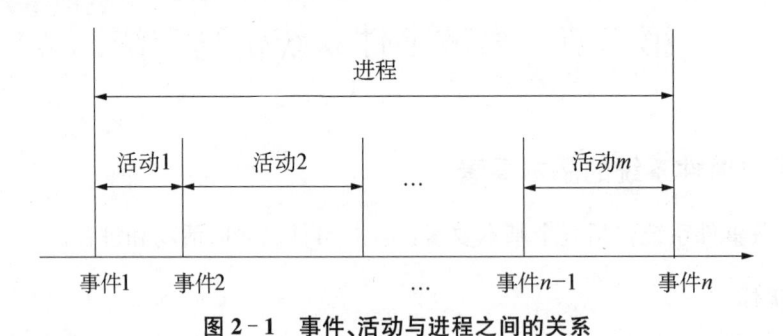

图2-1 事件、活动与进程之间的关系

二、仿真钟

仿真钟用于表示仿真时间的变化，离散事件动态系统的状态是在离散时间点上发生变化的，并且由于引起状态变化的事件发生时间的随机性，所以仿真钟的推进步长也是随机的。如果两个相邻发生的事件之间系统状态不发生任何变化，则仿真钟可以跨过这些"不活动"周期。从一个事件发生时刻推进到下一个事件发生时刻，仿真钟的推进呈现跳跃性，推进速度也具有随机性。可见，仿真模型中时间控制部件是必不可少的，以便按照一定规律来控制仿真钟的推进。

仿真钟的推进有两种经典的方法：固定步长推进法和变步长推进法（或称为下一事件推进法），通常变步长推进法应用较多。

（一）固定步长推进法

确定一个固定的增量，以此增量逐步推进仿真钟。每推进一个增量，就在被推进的时刻观察有无事件发生。如没有事件发生，则继续以相同的增量推进仿真钟；如有事件发生，则根据事件类型进入事件处理程序，对事件发生后的状态变化进行相应处理，然后再推进仿真钟。

如果恰好在推进的增量中间时刻有事件发生，一般采取简化的方法，把该事件假定为是在增量推进的时刻发生的。

（二）变步长推进法

变步长推进法即事先没有确定时钟推进步长，而是根据随机事件的发生而进行随机步长的推进，推进的步长为最后已发生事件与下一事件之间的时间间隔。图 2-2 解释了变步长推进机制的含义，由于离散事件系统的状态多数是随时间离散变化的，在仿真时不需要考虑那些没有发生状态变化的时段。因此，这种变步长的推进方法，其节奏性与系统状态变化更加吻合。

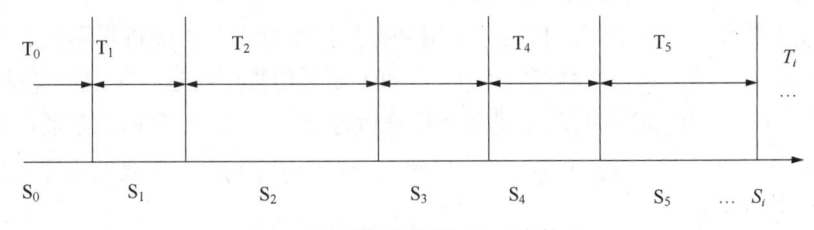

T_i—i 时刻的仿真钟；S_i—事件 i

图 2-2 仿真钟的变步长推进法

三、离散事件仿真模型的组成与构造

对于大多数采用变步长时钟推进机制（见图 2-3）的离散事件系统仿真模型，通常都包含如下组成部分：

(1) 系统状态。某特定时刻，用来描述系统的一组必要的状态变量。
(2) 仿真钟。提供当前仿真时刻的变量。
(3) 事件列表。列出当前或下一时刻将要发生的各种类型事件。
(4) 统计计数器。一组用来记录系统运行的统计信息变量。

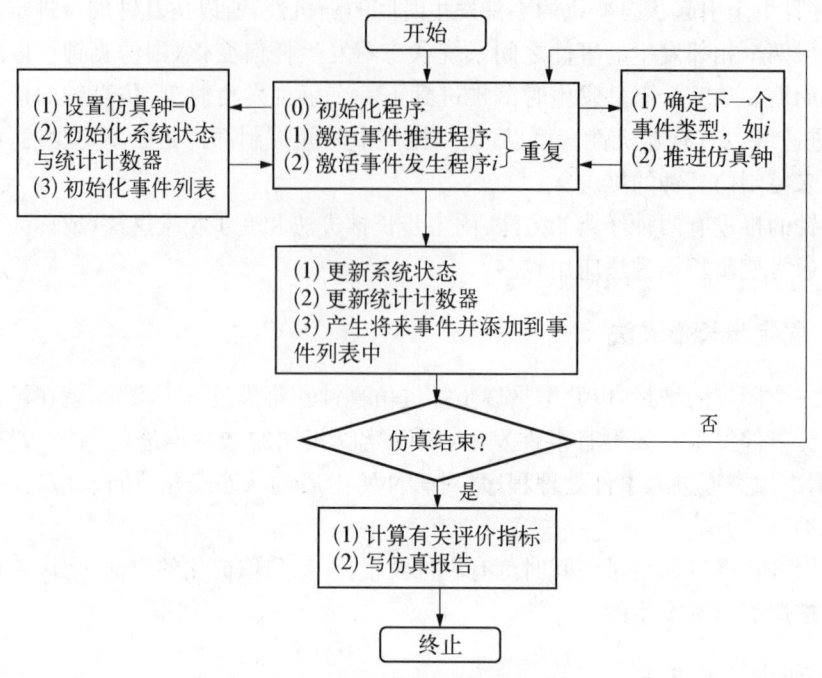

```
                      开始
                        │
                        ▼
┌──────────────┐  ┌──────────────────┐  ┌──────────────┐
│(1)设置仿真钟=0│◄─│(0)初始化程序      │◄─│(1)确定下一个  │
│(2)初始化系统状态│  │(1)激活事件推进程序│重复│事件类型,如i  │
│与统计计数器   │  │(2)激活事件发生程序i│  │(2)推进仿真钟  │
│(3)初始化事件列表│  └──────────────────┘  └──────────────┘
└──────────────┘         │                       ▲
                         ▼                       │
                ┌──────────────────┐             │
                │(1)更新系统状态    │             │
                │(2)更新统计计数器  │             │
                │(3)产生将来事件并添加到事件列表中│
                └──────────────────┘             │
                         │                       │
                         ▼                       │
                      ◇仿真结束?◇────否──────────┘
                         │是
                         ▼
                ┌──────────────┐
                │(1)计算有关评价指标│
                │(2)写仿真报告  │
                └──────────────┘
                         │
                         ▼
                       终止
```

图 2-3 变步长时钟推进法的控制流

（5）初始化程序。在系统时间为 0 时,用来初始化仿真模型的子程序。

（6）时间推进程序。用来推进时间的子程序,它根据事件列表确定下一时刻要发生的事件,并将系统时钟推进到要发生这一事件的时刻。

（7）事件发生程序。用来更新系统状态的子程序,当某类型的特定事件发生后,根据该事件的类型,进行相应的系统状态更新。

（8）随机观测生成程序库。它是一组用来根据概率分布产生随机观测值的子程序。

（9）报告生成器。基于某种(些)方法,自动生成对仿真系统运行情况的评估结果。

（10）主程序。用来唤醒时间推进子程序来确定下一个发生事件,然后将控制转向相应的事件程序,并对系统状态进行相应的更新,主程序还可能检查仿真的终止并在仿真结束时激活报告生成器。

四、离散事件系统仿真基本步骤

离散事件系统仿真基本步骤为:确定仿真目标;系统调研;建立系统模型;确定仿真算法;建立仿真模型;模型验证与模型确认;运行仿真模型;仿真结果分析;仿真结果输出。

（一）确定仿真目标

对一个系统的仿真目的可以各不相同。例如,研究一个物流配送中心,可以提出各种不同的问题,如管理调度策略问题、设备配置问题、运作流程协调问题等。针对所关心的问题不同,建立的系统模型、设定的输入变量、输出变量等都各不相同。因此,在进行系统仿真时,要先确定仿真的目标,也就是确定仿真要解决的问题。这是系统调研和建模的依据。

（二）系统调研

系统调研的目的是为了深入了解系统的总体流程、各种建模参数，以便建立系统模型。系统调研是了解系统运行状况和采集系统数据资料的过程，其所期望获取的资料有：

（1）系统结构参数。系统结构参数是描述系统结构的物理或几何的参数。例如，对于一个自动化立体仓库系统的调研，要先了解自动化立体仓库的平面布局、设备组成、存放的物品形状、尺寸等静态的参数。

（2）系统工艺参数。系统工艺参数是系统运行的工艺流程、各流程之间的相互逻辑关系。例如，自动化立体仓库每种工件入出库经过的设备、工序，在每个工序滞留的时间等。

（3）系统动态参数。系统动态参数是描述系统在运行过程中动态变化的一些参数。例如，自动化立体仓库中堆垛机、运输机的加速度和速度，出入库物品的到达时间间隔，运输车的装卸时间等。

（4）系统逻辑参数。系统逻辑参数描述了系统运行过程中各种流程和作业之间的逻辑关系。例如，立体化自动仓库系统中堆垛机三个方向运行之间的互相关系，运输机与堆垛机之间的衔接关系，立体化自动仓库与分拣系统运作之间的时序关系等。逻辑参数还包括各种优先级的约定、排队规则的设定、各种解结的原则（如出现死锁的应对措施）等。

（5）系统状态变量。系统状态变量是描述状态变化的变量，如自动化仓库中堆垛机的工作状态是"闲"还是"忙"，货位的状态是"空"还是"满"，物品排队的队列长度等。

（6）系统输入、输出变量。系统仿真的输入变量分为确定性变量和随机变量。如果是随机变量则需要确定其分布和特征值。输出变量是根据仿真目标设定的，仿真目标不同，输出变量也不同。

（7）事件表。事件表列举了系统运行过程所发生的各种事件的类型与描述、事件发生的时间及其相关性。

（三）建立系统模型

系统模型由模型和模型参数两部分组成。离散事件系统仿真模型最常用的是建立系统的流程图模型，也被称为流程模型。流程模型中应包含临时实体到达模型、永久实体服务模型和排队规则。

（四）确定仿真算法

仿真算法是控制仿真钟推进的方法，是系统仿真的核心。常用的仿真算法有事件调度法、活动描述法和进程交互法。

（五）建立仿真模型

系统模型仅仅是对系统的抽象化描述，无法使其在计算机上运行。为此还需建立计算机可运行的模型，即仿真模型。

仿真模型是将系统模型规范化和数字化的过程，同时也需要根据计算机运行的特点增加一些必要的部件。

仿真模型主要部件包括初始化模块、输入模块、仿真钟、随机数发生器、状态统计计数器、事件表、事件处理子程序和输出模块等。

(六) 模型验证与模型确认

模型的验证主要检验所建立的仿真模型(包括系统组成的假设、系统结构、参数及其取值、对系统的简化和抽象)是否被准确地描述成可执行的模型(如计算机程序)。

模型的确认则是考察所建立的模型及模型的运行特征是否能够代表所要研究的实际系统。

(七) 运行仿真模型

关键问题：运行仿真模型时需要确定终止仿真的时间。

一般有两种终止方法：一是确定一个仿真时间长度；二是确定仿真事件的数量。

(八) 仿真结果分析

仿真结果可以有两种角度的分析：一种是从系统优化的角度考虑问题，即对照仿真目标考察仿真结果是否满意，如果满意表明系统的参数无须再做改动；另一种分析是从仿真结果可信度考虑，也就是说仿真结果以多大的可信度和精度能够反映我们所研究的真实系统。

常见的系统有稳态型和终止型两类：稳态型系统是指系统运行时间足够长的系统；终止型系统是指系统运行时间是确定的。

仿真结果分析常采用统计学方法。即对仿真结果的可信度和精度进行分析，不断增加仿真次数(或仿真时间)以提高统计结果的可信度和精度，直至令人满意为止。

(九) 仿真结果输出

仿真结果输出有实时在线输出和在仿真结束时输出两种方式。当对系统进行动态分析时，往往需要了解各种中间变量或输出变量的实时变化情况。对于这些变量可以设定在仿真钟推进的每一或某一时刻输出该变量的瞬时值，即实时在线结果输出，输出的是仿真阶段性的结果。最后在仿真结束后，需要输出最终的仿真结果。目前成熟的仿真软件一般都可以提供多种仿真结果输出形式，如表格输出、直方图、饼图、曲线图等以及数据文件等输出。

第三节 排队系统

一、排队系统基本概念

排队是日常生活中经常出现的现象，如到银行办理业务，银行出纳员逐个接待顾客，当顾客较多时就会出现排队等待。在队列中等待服务的顾客（Customer）和服务台（Server）就构成了一个排队系统（Queueing System）。排队系统可以用临时实体（顾客）的数目、到达模式、服务模式、系统容量和排队规则来描述。

物流系统排队系统的例子：等待装运的物料与运输车辆之间、等待包装的商品与包装设备之间、等待入库的成品与堆垛机之间等。表2-1给出了一些排队系统的例子。

表2-1 排队系统举例

系 统	顾 客	服务台	系 统	顾 客	服务台
接待前台	来客	接待员	机场	飞机	跑道
检修设施	机器	检修人员	道路系统	车辆	交通灯
医院	患者	医生	计算机	Jobs	CPU,disk
仓储	托盘	起重机	公共交通	乘客	公汽或城铁

图2-4的模型描述了排队系统的含义。排队系统的本质是研究服务台与客户、服务与接受服务的效率问题。服务台与客户之间存在相互依存又相互矛盾的关系。系统设计的总体目标是以最少的服务台满足最多的客户服务需求。

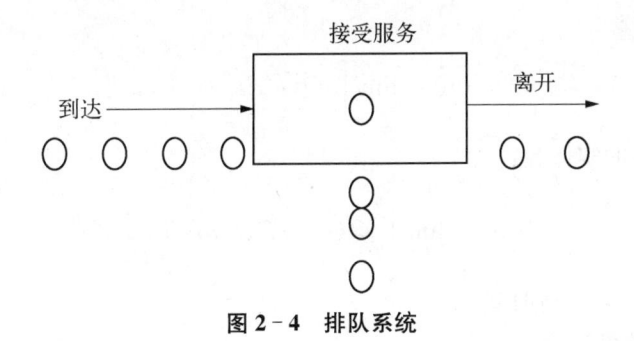

图2-4 排队系统

排队系统包括三个基本组成部分：
（1）到达模式（Arrival Mode），指临时实体的到达规律；
（2）服务模式（Service Model），指同一时刻有多少服务机构可以接纳临时实体，需要多少服务时间；
（3）排队规则（Queueing Discipline），指服务机构对下一个临时实体进行服务的选取规则。

二、排队系统的基本特征

顾客到达模式、服务模式、服务流程和排队规则（FIFO/LILO）是排队系统的4个主要特征。顾客到达模式是指顾客到达的时间间隔，通常到达时间间隔是一个随机变量。

服务模式是指服务台为顾客服务的时间，一般也是一个随机变量。服务流程是指顾客在系统中接受服务的过程，如需要经过哪些服务台，经过的顺序如何等。

排队规则是系统规定的各个顾客接受服务需要遵循的排队的顺序规定。排队规则一般有先入先出（First-In-First-Out，FIFO）、后入后出（Last-In-Last-Out，LILO）和按优先级排队等。为了加快物料的流动，减少由于物品积压造成的浪费和资金呆滞，FIFO 是物流系统中最提倡的方式。在优先级相同的情况下，一般采用 FIFO 的原则处理各种客户的服务。LILO 最典型的例子是堆栈。优先级的设定是排队系统中最为灵活，也十分重要的特征。如物流配送中心客户订单排序，一般都要为每个客户制定一个优先级，以保证达到系统预定的客户服务水平和系统运行效率。

三、排队系统常用的输出参数

（1）平均等待时间：

$$d = \lim_{T \to \infty} \sum_{1}^{n} \frac{D_i}{n} \tag{2-2}$$

（2）平均通过系统时间：

$$\omega = \lim_{T \to \infty} \sum_{1}^{n} \frac{D_i + S_i}{n} \tag{2-3}$$

（3）平均队长：

$$Q = \lim_{T \to \infty} \int_{0}^{T} Q(t) dt / T \tag{2-4}$$

（4）平均滞留的实体数：

$$L = \lim_{T \to \infty} \int_{0}^{T} Q(t) + S(t) dt / T \tag{2-5}$$

式中，T——系统仿真运行时间；

n——实体数量；

D——等待时间；

S——接受服务时间。

第四节　库存系统

一、库存系统的基本概念

库存系统是一大类离散事件系统，极具代表性。在库存系统中，顾客需求和订货（库存补充）的不断发生使库存量呈动态变化。

库存系统的模型可以用图 2-5 来描述。模型中三角形所代表的是一种广义的对象，可以是物质实体的东西，如企业的各种原材料、半成品、成品，军械库中的各种弹药武器，或商品库中的各种商品，也可以是管理意义上的各种对象，如人才、信息、数据等。

图 2-5 库存系统模型

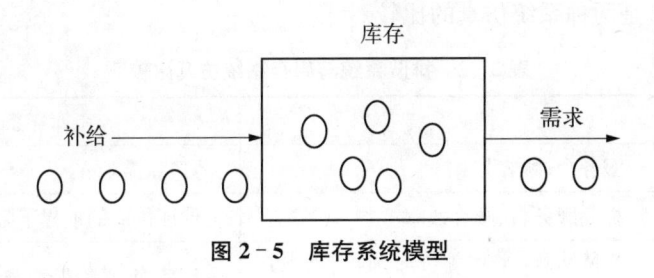

研究库存系统的目的是比较各种订货策略,以降低原材料成本,保证供应,防止缺货,减少流动资金积压。

二、库存系统的主要特征

补给模式、需求模式和成本代价是库存系统最主要的特征。补给模式是指物品补给的数量、时间特点。例如,一般企业的原材料库,原材料的补给与供应商的生产批量和时间有关,与运输的批量、方式、距离等也有关系。如果批量大,单件成本会降低,但是可能会造成库存积压。需求模式是指用户对物品出库的数量、频率和时间等的要求。

成本代价是指当库存欠缺或盈余时需要付出的代价。为了不影响生产,让紧急订货的价格高于正常订货的价格等都是仓库面临的代价。但是库存的盈余同样要付出代价,那就是资金的积压和库房的空间占用、库存管理工作量的增加等。

三、库存系统仿真的主要参数

(1) 保管费:

$$C_2 = \int_0^n hI(t)dt/n \tag{2-6}$$

式中,h——单位货物的单位时间保管费;
$I(t)$——t 时刻的库存量。
(2) 订货费:

$$C_1 = K + mZ \tag{2-7}$$

式中,m——单位数量的订货费用;
Z——订货量;
K——固定订货费。
(3) 缺货损失费:

$$C_3 = \int_0^n p\,|I(t)|\,dt/n \tag{2-8}$$

式中,p——单位缺货损失;
$I(t)$——t 时刻的缺货量。

四、排队系统和库存系统的比较

排队系统和库存系统是两类具有代表性的系统。它们的模型不同,仿真的目标也不尽相同。表 2-2 是两种系统仿真的比较。

表 2-2　排队系统与库存系统仿真比较

评价项目	排队系统	库存系统
要素	服务台、顾客	订货、需求
目标	提高服务台、顾客效率	保证供应的前提下降低库存
主要性能指标	排队队长、平均等待时间、平均滞留时间、平均实体数	订货费、平均保管费、平均缺货损失费
评价	效率指标(时间)	效益指标(费用)

思考题

1. 简述离散事件系统的基本要素。
2. 简述离散事件系统建模仿真的主要步骤。
3. 解释仿真钟的概念及主要推进方法。

第三章 随机数与随机变量

学习目标

1. 理解随机性系统的主要特性。
2. 掌握随机数的概念及产生方法。
3. 掌握随机数性能测试方法。

第一节 确定性系统与随机系统

在离散型事件系统中,有些事件的发生是确定的,即预先可以知道和确定在某个离散时间点上会发生某个事情。也有些事件的发生是不确定的,该事件所发生的时刻,以及该事件发生给系统带来的量的改变,或者逻辑状态的改变都是不确定的。对于一个离散事件系统而言,如果状态变化及其间隔可以预先完全确定,则称这个系统为确定性系统。如果状态变化及其间隔具备某种不确定性,则称这个系统为随机系统。下面举例说明确定性系统与随机系统的不同。

系统有两台同样的设备,对单一品种的零件进行加工。假设该系统是确定性的和随机的两种情况(见表3-1),两种情况下连续工作16小时后,两种情况会有什么差别。

表3-1 确定性系统与随机系统的系统参数

系统参数	确定性系统	随机系统
加工设备台数	2	2
加工次序	先到先加工 轮流使用两台设备	先到先加工 选择排队最少的设备加工
零件到达间隔时间(min)	2	EXPO(2)
每个零件加工时间(min)	2	U(1,2)

对于确定性的情况,很容易推算系统的事件和状态随时间推进的演变过程,也很容易计算系统的加工量、利用率和排队情况。对于随机的情况,可以用仿真方法来分析系统随机事件和状态的演变情况,以及对系统进行统计分析。两种情况下的系统运行情况如表3-2所示。

表3-2 确定性系统和随机系统的对比

系统运行状态	确定性系统		随机系统	
	设备1	设备2	设备1	设备2
共加工零件(个)	240	240	255	251
设备利用率(%)	50	50	53.6	52.0
设备前的最长排队长度	1	1	3	3

可以看出,虽然确定性系统的参数是随机系统的随机分布的均值,但两个系统的运行情况还是有很大的差别。其次,设备前工件的等待情况也有明显差别,确定性系统根本没有等待,而随机系统有时会出现每台机器前都出现工件排队的现象。

对该系统施加一些参数改变。假设工件到达的时间间隔变短,也就是工作任务量增大,看确定性系统和随机性系统各有什么变化。

假设上述加工系统的工件到达时间间隔缩短到1.2分钟,即确定性系统的时间间隔为常数1.2,而随机系统的时间间隔缩短到expo(1.2)。两种情况下,系统连续工作16小时的结果如表3-3所示。

表3-3 缩短工件到达时间间隔后两系统的设备利用率情况

系统运行状态	确定性系统		随机系统	
	设备1	设备2	设备3	设备4
共加工零件(个)	400	400	406	400
设备利用率(%)	83.3	83.3	84.8	83.3
设备前的最长排队长度	1	1	10	9

到达时间间隔缩短后,同样16小时的仿真,实际相对考察系统的运行情况长度增加了,直接体现在流过系统的工件数量增多了。而两个系统总的加工数量和利用率上的差别减小了,但是系统运行过程中出现的系统状态差别却增大了。也就是设备利用率更接近了,但系统运行过程中出现的最长排队现象差别增大了,确定性系统仍是1,而随机系统两台设备前最大队长达到9和10。

上述例子清楚地反映了确定性系统和随机系统的不同。造成这种不同的根本原因,就是随机系统中的随机事件。本章后续章节将讨论与随机事件相关的随机数与随机变量的相关问题。

第二节　随机变量与随机数相关概念

一、随机事件与概率

概念 1　随机试验

一个可观察结果的人工或者自然过程,所产生的结果可能不止一个,但事先不能确定会产生什么结果。

概念 2　样本空间

一个随机试验的全部可能出现的结果的集合,通常记为 Ω。样本空间 Ω 中的点,即一个可能出现的实验结果称为样本点,通常记为 ω。

概念 3　随机事件

一个随机实验的一些可能结果的集合,是样本空间的一个子集,通常用 $A,B,\cdots$ 表示。

概念 4　事件发生的概率

设 Ω 为一个随机试验的样本空间,对 Ω 上的任意一事件 A,规定一个实数与之对应,记为 $P(A)$,满足如下 3 个基本性质,称为事件 A 发生的概率:

(1) $0 \leqslant P(A) \leqslant 1$;

(2) $P(\Omega)=1, P(\Phi)=0$;

(3) 若两事件 A 和 B 互斥,即 $AB=\Phi$,则 $P(A \cup B)=P(A)+P(B)$。

概念 5　概率分布

如果样本空间上的所有随机事件都确定了概率,则 $\{P(A)|A \subset \Omega\}$ 构成样本空间上的一个概率分布。

概念 6　事件的独立性

对两个事件 A、B,如果满足 $P(AB)=P(A) \cdot P(B)$,则称事件 A 和 B 相互独立,简称 A 与 B 独立。

概念 7　试验的独立性

设有 n 个随机试验,且假定每个试验产生的可能结果及结果的概率不受其他试验结果的影响,则称这 n 个试验是相互独立的试验。

二、随机变量与随机数

概念 8　随机变量

设某一次试验产生的样本空间为 Ω,X 是定义在 Ω 上的实函数,即对于任一样本点 $\omega \in \Omega$,$X(\omega)$ 为一实数,则称 X 为一个随机变量。

概念 9　离散型随机变量

若随机变量只能在有限或可列无穷多个(实数)点上取值,则称该随机变量为离散型随机变量。

概念 10　连续型随机变量

随机变量 X 在一个或多个非退化的实数区间上可以连续取值,且存在一个非负的实函数 $f(x)$,使得对于任一区间 (a,b),有 $P(x\in(a,b))=\int_a^b f(x)\mathrm{d}x$,则称 X 为连续型随机变量。

概念 11　概率密度函数

在上述连续型随机变量的定义中,称 $f(x)$ 为 X 的概率密度函数。

概念 12　随机数

设 X 的概率密度函数为 $f(x)=\begin{cases}1,x\in[0,1]\\0,x\notin[0,1]\end{cases}$,则 X 为 $[0,1]$ 上的均匀分布函数。在计算机上可产生 X 的抽样序列 $\{x_n\}$,通常称 x_n 为 $[0,1]$ 上均匀分布随机变量 X 随机的数。

三、常用分布

概念 13　分布函数

设 X 为一随机变量,x 为任意实数,对于实函数 $F(x)$,有 $F(x)=P(X\leqslant x)=P(x\in(-\infty,x])$,称为随机变量 X 的分布函数,也称为概率累积函数。

下面介绍几种常用的随机分布。

(一) 泊松分布

设 X 为非负整数值随机变量,$P(X=k)=p(k;\lambda)=\dfrac{\lambda^k}{k!}\mathrm{e}^{-\lambda}$,其中 $\lambda>0$ 为常数,称 X 服从泊松分布,记作 $P(\lambda)$。$\lambda=E(X)$,是 X 的数学期望。

泊松分布是基于一种平稳的独立增量过程。在单位时间内放射性物质放射出 α 粒子的数目、路口通过的车辆数目、服务台到达的顾客数目等,都可以用泊松分布刻画。

(二) 均匀分布

设随机变量 X 的密度为:

$$f(x)=\begin{cases}\dfrac{1}{b-a},x\in[a,b]\\0,\text{其他}\end{cases} \tag{3-1}$$

则称 X 服从区间 $[a,b]$ 上的均匀分布,记作 $U(a,b)$。

(三) 正态分布

设连续型随机变量 X 的密度为:

$$f(x)=\dfrac{1}{\sqrt{2\pi}\delta}\mathrm{e}^{-\dfrac{(x-\mu)^2}{2\delta^2}},-\infty<x<+\infty \tag{3-2}$$

则称 X 服从正态分布。记作 $N(\mu,\sigma^2),-\infty<x<+\infty,\sigma>0$。

分布函数为：

$$F(x)=\frac{1}{\sqrt{2\pi\delta}}\int_{-\infty}^{x}e^{(-\frac{(x-\mu)^2}{2\delta^2})}d\mu, -\infty<\mu<+\infty \quad (3-3)$$

(四) 指数分布

设随机变量 X 有概率密度：

$$f(x)=\begin{cases}\lambda e^{-\lambda x}, x\geqslant 0\\ 0, x<0\end{cases} \quad (3-4)$$

其中，λ 为正的常数，则称 X 服从指数分布。

指数分布的分布函数为：

$$F(x)=\begin{cases}0, x<0\\ 1-e^{-\lambda x}, x\geqslant 0\end{cases} \quad (3-5)$$

(五) 威布尔分布

设随机变量的密度为：

$$f(x)=\begin{cases}\dfrac{r}{a}\left(\dfrac{x-\mu}{a}\right)^{r-1}e^{-(\frac{x-\mu}{a})^r}, & x\geqslant \mu\\ 0, & x<\mu\end{cases} \quad (3-6)$$

其中，a 和 r 为正的常数，μ 为实常数，则称 X 服从威布尔分布，记作 $W(a,r,\mu)$。

机械、电气零件的实效时间分布常用威布尔分布表示。

(六) 复合泊松分布

设 $X_1, X_2, \cdots$ 为一系列独立同分布的非负整数随机变量，N 为与 $\{X_1, X_2, \cdots\}$ 独立的泊松分布随机变量，则称 $Y=\sum_{i=1}^{N}X_i$ 为复合泊松分布。

第三节 随机数发生器

按照一定的计算方法产生的一列数，使它们具有类似与均匀随机变量的性质，称这样产生的一系列数值为伪随机数(Pseudorandom Number)。计算机仿真模型产生随机变量的方法一般是首先通过某种算法产生一个[0,1]区间均匀分布的随机数，然后采用逆变法或其他方法产生服从某分布的随机变量。

本节首先介绍[0,1]区间内均匀分布的随机数的生成，然后介绍如何从这些独立的随机数转换成符合其他分布的随机数，从而实现各种随机过程。

目前常用的随机数发生器有线性同余发生器、组合发生器、Tausworthe 发生器等。

一、线性同余发生器

令：
$$Z_i = (aZ_{i-1} + c)(\bmod\ m) \tag{3-7}$$

式中，Z_i——第 i 个随机数；

a——乘子；

c——增量；

m——模数；

Z_0——随机数源或种子值。将种子值 Z_0 代入，将得到一个 $Z_0, Z_1, \cdots, Z_i, \cdots, Z_n$ 序列值。

再令：$u_i = z_i/m$，则得到均匀分布随机数 $U(0,1)$。

参数应满足：$a < m, c < m, Z_0 < m$。

LCG 有两方面的缺点。第一个缺点是所有随机数发生器都是存在的，也就是说，由公式计算得到的随机数序列并不是真正意义上的随机数。不难发现，这样产生的随机数取决于参数 a, c, m 和 Z_0。产生的第 i 个随机数与参数的关系可以用下式表示：

$$Z_i = \left[a^i Z_0 + \frac{c(a^i - 1)}{a - 1}\right](\bmod\ m) \tag{3-8}$$

为了使利用 LCG 产生的随机数在[0,1]区间上表现出均匀分布的特性，必须适当选择参数 a, c, m 和 Z_0。产生的随机数是否满足需求，要用随机数发生器的性能来评价，主要对随机数发生器的均匀性、独立性和相关性进行检验和评价。

LCG 的第二个缺点是所得到的 U_i 序列只能取有理数值 $0, 1/m, 2/m, \cdots, (m-1)/m$。实际上，$U_i$ 序列只能取到这些数值的一部分，这取决于 a, c, m 和 Z_0 的值，只有当 m 的值够大时，比如 10^9 或更大，则在[0,1]区间内的取点将十分密集，至少有十亿个数值，这就能够保证在大多数情况下，获得与真实的在[0,1]区间上的均匀分布足够接近的随机数。

LCG 的一个不可避免的行为特点是循环，即产生的随机数具有周期性。从式(3-8)可以看出，当 Z_i 所取的值与以前的某次取值相同时，就会产生相同的序列取值，并无穷的重复下去。这个周期的长短称为发生器的周期。由于 Z_i 只取决于前一个取值 Z_{i-1}，并且 $0 \leq Z_i \leq m-1$，显然，周期最大只有 m。当周期大小就是 m 时，则称为全周期。对于一个全周期的 LCG，给定任何一个初始值 Z_0，都会以相同的顺序产生完整周期长度的随机数。如果 LCG 的周期长度小于全周期，则周期长度取决于 Z_0 的选择，这时就需要考虑随机数发生器周期的种子值。

由于大型的仿真往往需要成千上万的随机数，因此人们希望得到长周期的随机数发生器，以保证在一个周期内，所有的值都被随机地取到过。LCG 的特征主要取决于 a, c, m，那么如何对这 3 个参数进行取值才能保证 LCG 具有全周期呢？LCG 具有全周期的充要条件为：

(1) m 和 c 互为质数，即唯一公约数是 1；

(2) 如果 q 是一个能整除 m 的质数，则 q 能整除 $a-1$；

(3) 如果 m 能被 4 整除,则 $a-1$ 也能被 4 整除。

取得全周期只是一个好的 LCG 应该具备的特性之一,我们还希望能有较好的统计特性,如独立性、计算和存储效率、可重复性以及划分随机数流的简易性。

只要记录种子值,就可以用该种子值产生完全相同的一组伪随机数。而同时可以分别用不同的种子值来取得不同的随机数流。例如,可分别用 $Z_0,Z_{100\,000},Z_{200\,000}$ 作为种子值来取得 3 段不同的随机数流,这 3 段随机数流是从同一个全周期的随机数流中截取的,彼此没有重叠和重复的部分。

根据不同的参数取值,LCG 又可分为不同的类型:$c=0$ 时称为乘同余发生器,$c\neq 0$ 时称为混合同余发生器。

乘同余法选择参数的规则如下:

取 $m=2^j$,j 是某个整数,m 选择在机器所能表示的整数范围内。伪随机数序列周期为 $m/4$。

a 一般取与 $2^{p/2}$ 最接近又满足 $a=8K+3$ 的数,K 为任意整数,p 为机器字长。

例如,若用乘同余法产生周期为 8 000 的随机数,假定机器的字长 $p=16$。

$m=2^{15}=32\,768$

$p=16$

$2^{p/2}=2^8=2\,561$

$a=8\times 31+3=251$

取种子值为 5,则:

$Z_0=5$

$U_0=5/32\,768=0.000\,15$

$Z_1=(251\times 5)\bmod 327\,68=1\,255$

$U_1=1\,255/327\,68=0.038\,30$

$Z_2=(251\times 1\,255)\bmod 32\,768=20\,093$

$U_2=20\,093/32\,768=0.613\,19$

……

我们需要的是性能可靠的随机数。通过实验证明,当 $m=231$ 时,利用计算机的溢出可使产生随机数的效率更高;当 a 和 c 分别采用 314 159 269 和 453 806 245 时,随机数发生器的均匀性、独立性及相关性都可达到较优的水平。

二、组合发生器

为了产生具有更长周期和更好统计性能的随机数,采用两个或者更多个独立的随机数发生器,将它们组合到一起,来生成最后的随机数而使最后的随机数的周期长度和性能比其中某个单独的随机数发生器产生的随机数都更好。采用组合随机数发生器生成的随机数与"真实"均匀分布的接近程度,至少不低于由构成组合发生器的任何一个独立的随机数发生器产生的随机数。采用组合发生器的不足是:要获得每个 U_i,要比采用单一简单的发生器花费更高的计算代价。

有的组合发生器可以由两个独立或三个独立的随机数发生器构成。在组合发生器所使用的随机数发生器数目确定之后,又有多种不同的产生随机数的机制。最早的组合发生器是采用第二个LCG从第一个LCG生成的结果中穿插取值(Shuffle)得到最终的随机数流,其方法如下:

(1) 由第一个LCG(建议采用$k=128$)产生的kU_i序列来生成有序向量$V=(V_1, V_2,\cdots,V_k)$。

(2) 由第二个LCG生成在整数$1,2,\cdots,k$区间上均匀分布的随机整数I,则返回V_1,作为第一个$U(0,1)$变量。

(3) 第一个LCG用下一个U_i代替向量V中的第I个位置上的值。

(4) 第二个LCG从更新的向量V中随机地选择下一个返回的随机数。

(5) 依此类推。

另一种用两个独立的发生器构造组合发生器的方法如下:

(1) 由第一个与第二个线性同余发生器分别生成$Z_i^{(1)}$与$Z_i^{(2)}$;

(2) 令$Z_i^{(2)}$的二进制表示的数循环移位$Z_i^{(1)}$次,得到一个新的位于$0\sim m-1$的整数$Z_i^{(2)}$;

(3) 将$Z_i^{(1)}$和$Z_i^{(2)}$的相应二进制位"异或"相加得到组合发生器的随机变量Z_i;

(4) $U_i=Z_i/m$。

关于如何由两个发生器组合生成最终的随机数流,人们研究了多种组合机制。研究结果表明,即使两个发生器的性能都较差,采用穿插方法得到的组合发生器仍然能够生成良好统计性能的随机数流。

组合发生器也可以由多个发生器进行组合,如采用3个独立的随机数发生器构造组合发生器。人们研究三个发生器也是为了得到更长周期、高速、简便、更容易在小型机上使用的随机数流。设U_{1i},U_{2i},U_{3i}是3个独立发生器产生的第i个随机数,令U_i为$U_{1i}+U_{2i}+U_{3i}$的小数部分,这样将得到周期很长的随机数流,且十分简便高效。

除此之外,还有多种不同的组合发生器。

第四节 随机数性能测试

本节讨论随机数发生器的测试方法,来检验随机数发生器产生的随机数流在多大程度上接近真实的独立同分布的[0,1]上均匀分布变量。

对随机数发生器进行测试的内容主要是所产生随机数的均匀性、独立性(自相关性)和产生随机数的速度、效率、计算资源消耗等。

随机数发生器的测试方法有经验测试和理论测试完全不同的两种类型。经验测试对随机数发生器最直接的测试就是用该发生器生成一序列的值,然后检验这些值在多大程度上与独立同分布的$U(0,1)$相似。理论测试则是通过发生器的数字参数来进行,而并不用该发生器来产生随机数U_i序列。

一、χ^2测试

χ^2测试(chi-square test)用来对均匀性检验。我们将[0,1]分成k个等长度的子区间:$U_1,U_2,\cdots,U_n$ 作为一般规则,应满足 $k>100,n/k\geqslant 5$;对于 $j=1,2,\cdots,k$,令 f_j 为第 j 个子区间 U_i 的个数。令:

$$\chi^2 = \frac{k}{n}\sum_{j=1}^{k}\left(f_i - \frac{k}{n}\right)^2 \tag{3-9}$$

当 n 足够大时,有下列判别方法:

如果 $\chi^2 > \chi^2_{k-1,1-\alpha}$,则认为在 α 显著水平上产生的随机数是独立同分布的 $U(0,1)$ 的,假设不成立;否则,假设成立。其中,$\chi^2_{k-1,1-\alpha}$ 是自由度为 $k-1$ 的 $1-\alpha$ 置信水平下的 χ^2 分布的上临界点。当 k 的取值很大时,可以用式(3-10)来近似计算:

$$\chi^2_{k-1,1-\alpha} \approx (k-1)\left[1 - \frac{2}{9(k-1)} + z_{1-\alpha}\sqrt{\frac{2}{9(k-1)}}\right]^3 \tag{3-10}$$

其中,$z_{1-\alpha}$ 是正态分布 $N(0,1)$ 的 $1-\alpha$ 置信水平的上临界点。

二、运行测试

该测试直接用来检验独立性假设是否成立。首先,对 U_i 序列进行连续的子序列排序检验,使得每个子序列在最大可能长度内是 U_i 的单调增序列。例如,对一个序列 u_1, $u_2,\cdots,u_{10}$:0.86,0.11,0.23,0.03,0.13,0.06,0.55,0.64,0.87,0.10,则该序列的第一个升序子序列是长度为 1 的序列(0.86),第二个是一个长度为 2 的升序子序列(0.11,0.23),然后分别是(0.03,0.13)、(0.06,0.55,0.64,0.87)和(0.10)。

定义:

$$r_i = \begin{cases} \text{长度为 } i \text{ 的升序子序列的个数}, i=1,2,3,4,5 \\ \text{长度大于等于 6 的升序子序列的个数}, i=6 \end{cases}$$

则上例中,$r_1=2,r_2=2,r_3=0,r_4=1,r_5=0,r_6=0$。

测试统计为:

$$R = \frac{1}{n}\sum_{i=1}^{6}\sum_{j=1}^{6}a_{ij}(r_i - nb_i)(r_j - nb_j)$$

其中,a_{ij} 是下列矩阵的第 (i,j) 个元素:

$$\begin{bmatrix} 4\,529.4 & 9\,044.9 & 13\,568 & 18\,091 & 22\,615 & 27\,892 \\ 9\,044.9 & 18\,097 & 27\,139 & 36\,187 & 45\,234 & 55\,789 \\ 13\,568 & 27\,139 & 40\,721 & 54\,281 & 67\,852 & 83\,685 \\ 18\,091 & 36\,187 & 54\,281 & 72\,414 & 90\,470 & 111\,580 \\ 22\,615 & 45\,234 & 67\,852 & 90\,470 & 113\,262 & 139\,476 \\ 27\,892 & 55\,789 & 83\,685 & 111\,580 & 139\,476 & 172\,860 \end{bmatrix}$$

b_i 由下式确定:

$$(b_1,b_2,\cdots,b_6) = \left(\frac{1}{6},\frac{5}{24},\frac{11}{120},\frac{19}{720},\frac{29}{5\,040},\frac{1}{840}\right)$$

有关这些常数的推导取得请参考 Knuth(1998)。对于足够大的 n(Knuth 给出 $n \geqslant 4\ 000$),在假设 U_i 序列为独立同分布的随机变量下,R 将是一个 6 维近似 χ^2 分布。

三、自相关测试

自相关测试(Autocorrelation Test)用来检验一个随机数流中各个数字之间的独立性。例如,下列的一个随机数流:

0.12 0.01 0.23 0.28 0.89 0.31 0.64 0.28 0.83 0.93
0.99 0.15 0.33 0.35 0.91 0.41 0.60 0.27 0.75 0.88
0.68 0.49 0.05 0.43 0.95 0.58 0.19 0.36 0.69 0.87

测试方法:对以第 i 个数字开始的 m 个(m 也称为样本长度,lag)随机数之间的相关关系进行计算,则对于共有 N 个数字的随机数流,有 $M+2$ 个长度为 m 的随机数样本:$R_i, R_{i+m}, R_{i+2m}, \cdots, R_{i+(M+1)m}$,其中 M 是满足 $i+(M+1)m \leqslant N$ 的最大正整数,并设 $M+2$ 个随机数的自相关系数为 ρ_{im}。

给出如下假设:

$$H_0: \rho_{im} \neq 0$$

$$H_0: \rho_{im} = 0$$

对于足够大的 M,如果 $R_i, R_{i+m}, R_{i+2m}, R_{i+(M+1)m}$ 是不相关的,则 ρ 或 $\hat{\rho}_{im}$ 的分布应近似正态分布。

如果 $M+2$ 个长度为 m 的随机数样本之间是相互独立的,则下式确定的随机数流为一个均值为 0、方差为 1 的正态分布:

$$Z_0 = \frac{\hat{\rho}_{im}}{\delta_{\hat{\rho}_{im}}} \tag{3-11}$$

Schmidt 与 Taylor 给出了相关系数和方差的计算公式,即:

$$\hat{\rho}_{im} = \frac{1}{M+1}\left(\sum_{k=0}^{M} R_{i+km} R_{i+(k+1)m}\right) - 0.25 \tag{3-12}$$

$$\delta_{\hat{\rho}_{im}} = \frac{\sqrt{13M+7}}{12(M+1)} \tag{3-13}$$

由式(3-11)得到的 Z_0,如果 $-Z_{\alpha/2} < Z_0 < Z_{\alpha/2}$,说明相互独立的假设成立,反之亦然,如图 3-1 所示。

如果 $\rho_{im} > 0$,表示上述随机数的子段数之间正相关,这意味着在每个 m 样本长度内,较大的数字后面出现更大数、较小的数字后面出现更小数的可能性概率较高。相反,如果 $\rho_{im} < 0$,则表示随机数之间负相

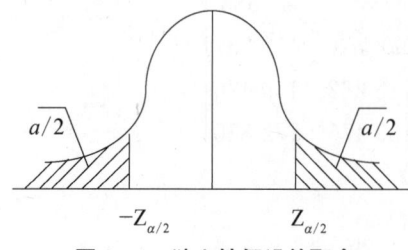

图 3-1 独立性假设的取舍

关,也就是在长度为 m 的样本内,较小的随机数有更大的概率跟随较大的随机数,较大的随机数更有可能跟随较小的随机数。当 $\rho_{im}=0$ 时,则表示为 0 相关,代表所产生的随机数在 m 长的样本划分下,各随机数之间没有关联相互独立。

例如,对于上面所举的随机数流,检验其第 3,8,13,18,… 序列的随机数之间是否相关。取显著水平 $a=0.05$,这里已知 $i=3,m=5,N=30$,由 $3+(M+1)5\leqslant 30$ 可求得 M 为 4,因此:

$$\hat{\rho}_{35}=\frac{1}{5}(0.23\times 0.28+0.28\times 0.33+0.33\times 0.27+0.27\times 0.05+0.05\times 0.36)-0.25$$
$$=-0.1945$$

$$\delta_{\hat{\rho}_{35}}=\frac{\sqrt{13\times 4+7}}{12(4+1)}=0.1280$$

计算得:

$$Z_0=\frac{-0.1945}{0.1280}=-1.516$$

对于正态分布 $N(0,1)$ 有 $Z_{a/2}=Z_{0.025}=1.96$(查标准正态分布表可得),Z_0 满足 $-Z_{a/2}\leqslant Z_0\leqslant Z_{a/2}$

因此,相互独立的假设成立,即第 3,8,13,18,… 序列的随机数之间是相互独立的。

四、随机数性能的理论测试

检验随机数性能可以通过生成随机数流来检验这部分随机数流表现出来的特性。也可以不生成随机数流,而是从随机数发生器的结构和参数的定义来分析该发生器产生的随机数性能。两者的区别在于,理论测试是全局的,检验的是随机数发生器产生的整个周期的随机数的性能,而经验测试方法测试的通常来说是全周期中的一部分。

随机数发生器的理论测试方法及其涉及的数学理论非常复杂,这里只做简单的讨论。有时,可以通过发生器的常数定义直接计算出全周期上的均值、方差、相关性。这方面已经有很多的研究成果。例如,对于一个全周期的 LCG,整个周期的 U_i 序列的平均值为 $\frac{1}{12}-\frac{1}{2m}$,当 m 足够大(10 亿以上)时,其平均值非常接近 $\frac{1}{2}$。类似地,可以计算其全周期上的方差,为 $\frac{1}{12}-\frac{1}{12m^2}$,接近 $\frac{1}{12}$,即 $U(0,1)$ 分布的方差。

下面讨论不同发生器的常数取值对随机数性能的影响。最著名的理论测试是 Marsaglia 基于观察样本研究,发现"随机数主要分布在平面内"。具体来说,如果 $U_1,U_2,\cdots$ 是 LCG 发生器产生随机数流,相互交叠的 d 元组 $(U_1,U_2,\cdots,U_d),(U_2,U_3,\cdots,U_{d+1}),\cdots$ 将全部落在 $(d-1)$ 维的超平面内,而这些平面穿过 d 维超单位立方体空间。

例如,当 $d=2$ 时,二元组 $(U_1,U_2),(U_2,U_3),\cdots$ 所构成的点沿不同的平行线族呈菱形(或格栅)排列,这些平行线穿过单位正方形。如一个全周期 LCG,其常数定义为 $Z_i=(37Z_{i-1}+1)(\bmod 64)$。

对于上述随机数发生器,由于各点在单位正方形中的分布比较均匀,且充满了整个区域,因此,虽然表现出并非真正的随机,但可能对分析问题影响不大。但是,如果改变发生器常数的取值,情况将发生不可预知的变化。

第五节 随机变量的产生方法

前面对排队系统和库存系统的讨论充分显示了用统计分布对实际的不确定性活动进行建模的重要性。随机系统中的这些不确定性事件的相关变量,如到达间隔时间、服务时间等,通常用具有某种统计分布的随机变量来进行建模。

本节假定一个已经完全确定的分布,来寻找方法生成这个分布的随机数样本,以输入仿真模型使用。下面介绍几种被广泛应用的产生随机变量的方法:逆变换法、卷积法、合成法、取舍法、函数变换法。

本节所有方法均假设随机数 $u_1, u_2, \cdots$ 为均匀分布 $U(0,1)$,其概率密度函数和累积分布函数分别为:

$$f_u(x) = \begin{cases} 1, & 0 \leqslant x < 1 \\ 0, & 其他 \end{cases} \tag{3-14}$$

$$F_u(x) = \begin{cases} 0, & x < 0 \\ x, & 0 \leqslant x \leqslant 1 \\ 1, & x > 1 \end{cases} \tag{3-15}$$

一、逆变换法

逆变换法也称为反函数法。如果 $U \sim U(0,1)$,而 $F^{-1}(u)$ 是 $F(U)$ 的反函数,则也是分布函数 $F(x)$ 的反函数,即:

$$x = F^{-1}(u) \sim F(x) \tag{3-16}$$

由随机数 $U(0,1)$ 可直接生成规定分布 $F(x)$ 的随机数 $\{x_i\}$。算法为:

(1) 设随机变量 x 的分布函数为 $F(x)$;

(2) 在区间 $[0,1]$ 上取均匀分布的独立随机变量 x;

(3) 由分布函数的反函数 $F^{-1}(u)$ 得到的值即为所需要的随机变量 x;

(4) $x = F^{-1}(u)$ 即为所需的随机变量。

逆变换法可以用来生成指数分布、威布尔分布、均匀分布和经验分布的随机变量。

(一) 逆变换法产生指数分布的随机变量

指数分布的概率密度函数:

$$f(x) = \begin{cases} \lambda\,e^{-\lambda x}, & x > 0 \\ 0, & x \geqslant 0 \end{cases} \tag{3-17}$$

其分布函数：

$$F(x) = \int_{-\infty}^{x} f(t)dt = \begin{cases} 1 - e^{-\lambda x}, & x \geqslant 0 \\ 0, & x < 0 \end{cases} \quad (3-18)$$

这里，λ 代表每单位时间内到达数的均值。例如，如果到达间隔时间为 $X_1, X_2,$ $X_3, \cdots$，服从速度为 λ 的指数分布，则 λ 表示每单位时间内到达数量的平均值，那么 $1/\lambda$ 则表示每到达一个的平均间隔时间。下面生成具有指数分布的值 $X_1, X_2, X_3, \cdots$ 由于指数分布较为简单，可以用解析方法求得其反函数，因此采用逆变换法来生成指数分布的随机变量也很简单，步骤如下：

(1) 计算需要的随机变量的分布函数 $F(x) = 1 - e^{-\lambda x}, x \geqslant 0$。

(2) 在 $x \geqslant 0$ 的范围内，令 $u = 1 - e^{-\lambda x}$，因为 x 为随机变量，所以 $1 - e^{-\lambda x}$ 也是随机变量，u 采用一个 $U(0,1)$ 的均匀分布。

(3) 由 $u = 1 - e^{-\lambda x}$ 得：

$$X = -\frac{1}{\lambda} \ln(1-u) \quad (3-19)$$

(4) 生成均匀分布随机数 $u_1, u_2, u_3, \cdots$，然后由式(3-19)生成所需要的随机变量 $x_1, x_2, x_3, \cdots$，即：

$$x_i = -\frac{1}{\lambda} \ln(1-u_i)$$

由于 u_i 为均匀分布，则 $1 - u_i$ 也是均匀分布，因此式(3-19)可简化为：

$$x_i = -\frac{1}{\lambda} \ln u_i \quad (3-20)$$

(二) 逆变换法生成均匀分布的随机变量

设随机变量 x 是 $[a,b]$ 上均匀分布的随机变量，即 $x = a + (b-a)u$，可得 x 的概率密度分布函数为：

$$f(x) = \begin{cases} \dfrac{1}{b-a}, & a \leqslant x \leqslant b \\ 0, & \text{其他} \end{cases} \quad (3-21)$$

求得其累积分布函数为：

$$f(x) = \begin{cases} 0, & x < a \\ \dfrac{x-a}{b-a}, & a \leqslant x \leqslant b \\ 1, & x > b \end{cases} \quad (3-22)$$

令 $u = F(x) = \dfrac{x-a}{b-a}(a \leqslant x \leqslant b)$，则 $x = a + (b-a)u$，用随机数发生器生成 $[0,1]$ 上

的均匀分布随机数 U,则可得 $[a,b]$ 上均匀分布的随机变量 X。

(三) 逆变换法生成离散型随机变量

由于离散型随机变量的概率分布函数是离散的,无法直接利用反函数求出随机变量的变量值,因此利用 $U(0,1)$ 均匀分布的随机数,在随机变量概率分布图上一一对应地进行取样,得到随机变量的取值。

设离散随机变量 x 分别以概率 $P(x_1),P(x_2),\cdots,P(x_n)$ 取值 x_1,x_2,x_3,其中,$0 < P(x_i) < 1$,且 $\sum_{i=1}^{n} P(x_i) = 1$,其累积分布函数如图 3-2 所示。

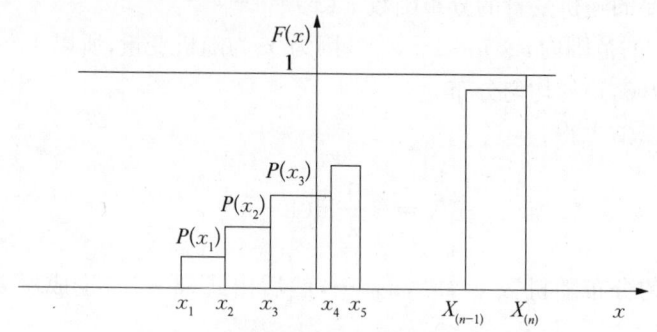

图 3-2 逆变换法产生离散系统随机变量

首先生成随机变量 $(0,1)$ 的随机数 u_i,在累计分布函数中存在 $u_i \leqslant F(x_i)$ 的最小值 x_i,返回 x_i 作为对应 u_i 的随机变量的一个值。即:

$$P(X = x_i) = P[F(x_{i-1}) < U \leqslant F(x_i)]$$

二、卷积法

由两个或更多个独立随机变量的和形成的概率分布称为原始变量的卷积分布。卷积法是通过两个或多个随机变量的相加来得到新的具有某种所希望的分布的随机变量。卷积法可用于生成爱尔朗分布(Erlang)、近似正态分布和项式分布的随机变量。假设具有独立均匀分布的随机变量 $x_1,x_2,\cdots,x_m$ 令:

$$y = x_1 + x_2 + \cdots + x_m \tag{3-23}$$

称 y 为 X_i 的 m 折卷积。

例 3.1 用卷积法生成爱尔朗分布。

若 Y 是具有均值的 m 爱尔朗随机变量,则:

$$Y = y = x_1 + x_2 + \cdots + x_m$$

其中,x_i 是独立同分布的指数随机变量,每个 x_i 有参数 β/m。

首先产生具有参数 β/m 的独立同分布的指数变量 $x_1,x_2,\cdots,x_m$,然后计算 y。假设指数随机变量由逆变换产生,有:

$$X = -\frac{\beta}{m}\ln U$$

其中,U 为独立分布的 $U(0,1)$ 随机变量,则:

$$Y = \sum_{i=1}^{m} X_i = \sum_{i=1}^{m} -\frac{\beta}{m}\ln U_i = -\frac{\beta}{m}\ln\left(\prod_{i=1}^{m} U_i\right) \tag{3-24}$$

三、合成法

合成法适用于产生分布函数 F 为多个分布函数 $F_1, F_2, \cdots$ 的凸函数的情况。对于任意 x,$F(x)$ 可写为:

$$F(x) = \sum_{j=1}^{\infty} p_j F_j(x) \tag{3-25}$$

其中,$p_j \geqslant 0$,$\sum_{j=1}^{\infty} p_j = 1$,每个 F_j 为一个分布函数。

同样,如果 X 的密度函数可写为:

$$f(x) = \sum_{j=1}^{\infty} p_j f_j(x) \tag{3-26}$$

其中,f_i 都是密度函数。则一般合成算法如下:

(1) 产生一个正随机数 J,使得:

$$P(J = j) = p_j, j = 1, 2, \cdots$$

(2) 计算返回概率分布函数为 F_J 的 X。

第(1)步可以解释为选择具有概率 p_j 的分布函数 F_J,可以用前面讲到的方法,如逆变换法来求得。生成 J 后,由第(2)步生成 X,X 独立于 J,X 的概率分布函数为 F。

$$P(X \leqslant x) = \sum_{j=1}^{\infty} P(X \leqslant x \mid J = j) P(J = j) = \sum_{j=1}^{\infty} F_j(x) p_j = F(x) \tag{3-27}$$

例 3.2 一个拉普拉斯分布,即双指数分布,其密度函数为 $f(x) = 0.5 e^{|x|}$,密度分布如图 3-3 所示。

图 3-3 一个双指数分布的密度分布

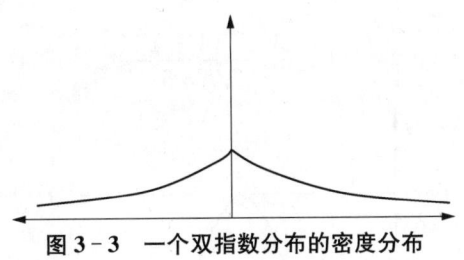

这个双指数函数可以用如下两个函数的组合来表示。

$$\begin{cases} f(x) = 0.5 e^x I_{(-\infty, 0)}(x) + 0.5 e^{-x} I_{(0, +\infty)}(x) \\ I_A(x) = \begin{cases} 1, x \in A \\ 0, x \notin a \end{cases} \end{cases}$$

— 33 —

函数 $f(x)$ 是两个函数 $f_1(x)=\mathrm{e}^x I_{(-\infty,0)}$ 和 $f_1(x)=\mathrm{e}^{-x}I_{(0,+\infty)}$ 的凸函数，$p_1=p_2=0.5$。这样可以采用逆变换法来生成双指数分布的随机变量。首先生成独立同分布的 $U(0,1)$ 随机变量 U_1,U_2，若 $U_1\leqslant 0.5$，则返回 $X=\ln U_2$；若 $U_1>0.5$，则返回 $X=-\ln U_2$。

四、取舍法

取舍法通过某个检验条件决定取舍得到 $F(x)$ 的随机数。定义一个函数 t，使得对于所有的 x 都有 $t(x)\geqslant f(x)$，因为 $c=\int_{-\infty}^{\infty}t(x)\mathrm{d}x\geqslant\int_{-\infty}^{\infty}f(x)\mathrm{d}x=1$，所以函数 t 不是密度函数。而函数 $r(x)=t(x)/c(c<\infty)$ 则是一个密度函数。用下列算法来生成密度为 r 的随机变量 Y：

(1) 生成密度为 r 的 Y；
(2) 生成独立于 Y 的 $U\sim U(0,1)$；
(3) 如果 $U\leqslant f(Y)/t(Y)$，则返回 $X=Y$；
(4) 否则返回步骤(1)，再次抽样。

例 3.3 用取舍法产生 β 分布的随机变量。

一个 β 分布 beta(4,3) 的密度函数为：

$$f(x)=\begin{cases}60x^3(1-x)^2, & 0\leqslant x\leqslant 1\\ 0, & \text{其他}\end{cases}$$

对函数求导，得 $x=0.6$ 时函数取得最大值 $f(0.6)=2.0736$。定义：

$$\begin{cases}t(x)=\begin{cases}2.0736, & 0\leqslant x\leqslant 1\\ 0, & \text{其他}\end{cases}\\ c=\int_0^1 2.0736\mathrm{d}x=2.0736\end{cases}$$

则 $r(x)=t(x)/c$ 是 $U(0,1)$ 的密度函数。图 3-4 给出了 f,t 和 r 的函数相互关系示意图。首先，在步骤(1)和步骤(2)中生成独立同分布的 $U(0,1)$ 随机变量 Y 和 U，然后在第(3)步来检验是否满足。

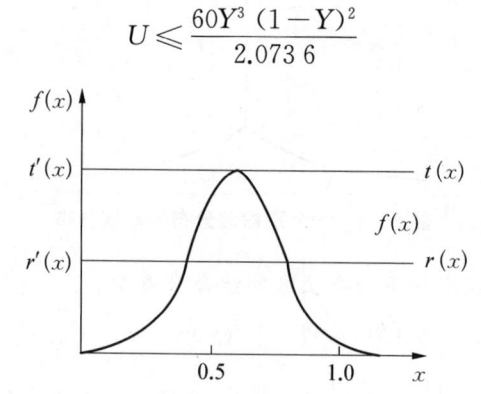

$$U\leqslant\frac{60Y^3(1-Y)^2}{2.0736}$$

图 3-4 取舍法生成 beta(4,3) 分布时的 $f(x),t(x)$ 和 $r(x)$

如果满足上式,则返回 $X=Y$;否则,舍去 Y,回到步骤(1)。

五、函数变换法

函数变换法是关于随机分布的函数(仍为随机分布)的抽样法。通过随机分布之间的关系式推导出分布函数的关系式,利用常用分布的随机数生成某个确定分布的随机数。

由 $F(x)$ 的随机分布生成 $G(x)$ 的随机分布的步骤为:

(1) 生成独立的 $F(x)$ 随机数据 $X_1, X_2, \cdots, X_n$。

(2) 令 $Y_i = G(X_i)(i=1,2,\cdots,n)$。

(3) Y_i 就是 $G(X)$ 的随机序列。

思考题

1. 简述离散型随机变量及连续型随机变量的概念。
2. 简述随机数的产生方法。
3. 简述随机变量的产生方法。

第四章 仿真输入数据分析

学习目标

1. 掌握输入数据模型的三种方法。
2. 掌握连续随机变量输入数据分析方法。
3. 掌握离散随机变量输入数据分析方法。

仿真的输入数据是仿真的基础与源泉,对仿真具有重要的意义,如在排队系统仿真中,典型的输入数据可以是到达的时间间隔和服务时间的分布;在库存系统仿真中,输入数据包括需求的分析和提前期的分布;在生产系统仿真中,输入数据包括作业到达的时间间隔、作业类型的概率分布以及各种作业每道工序服务时间的分布。几乎所有的仿真都包括随机输入,这些输入数据的正确与否直接影响仿真结果的正确性和合理性,因此,正确地收集和分析仿真输入数据是系统仿真的重要前提和基础。

需特别说明一下,仿真系统输入和控制系统输入是有一定区别的,如图 4-1 所示的控制系统示例,其中 X、Y 分别为控制系统 $F(X)$ 中的输入和输出,作为模拟不同种类控制系统的仿真系统,其输入包括图 4-1 中 X、$F(X)$ 涉及的相关离散或是连续变量,输出仍为 Y。

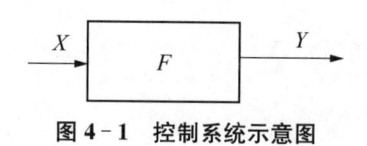

图 4-1 控制系统示意图

第一节 仿真输入数据分析概述

对具有随机变量的系统进行仿真,必须先确定该随机变量的概率分布,以便在仿真模型中对这些分布进行取样以得到需要的随机变量。确定随机变量的模型的基础是收集该随机变量的观测数据,当输入随机变量的分布已知时,可以用适当的方法生成相应分布的随机数作为系统的输入。然而,在实际问题中,常常只能通过对系统的观察,收集到感兴趣的输入随机变量的观察数据,而对输入的总体分布一无所知或仅有部分信息。在这种情况下,必须采取相应的方法来确定随机变量的分布模型,通常有以下两种方式:一种方法是利用观测数据建立经验分布函数,并用实验分布抽样法生成相应的输入随机数;另一种方法是通过对这些数据的分布形式假定、参数估计和分布拟合度检验等过程,确定输入随机变量的分布模型。

一般来讲,要得到一个正确的输入数据的分布模型需要经过以下四个步骤:

(1) 收集原始数据并进行适当预处理,比如进行独立性检验等。

(2) 分布类型的假设。通过点估计法、直方图(线图)法、概率图法等方法确定随机变量的分布类型或分布族。

(3) 参数估计。通过合适的参数估计方法,如极大似然估计法、最小二乘法等方法确定随机变量分布的参数,这些参数反映了分布的特征,从而确定随机变量的具体分布。

(4) 拟合优度检验。采用拟合优度检验方法如 x^2 检验、K-S 检验等,对得到的随机变量分布和观测数据吻合的程度进行检验,判断该分布的正确性与合理性。如果收集到的观测数据和假设的分布形式不相符合,则返回第(2)步,给出另外一个新的分布假设,重复上述过程。如果重复进行若干次之后仍不符合,那么就可以使用经验分布形式来确定随机变量的分布。

第二节 数据的收集与处理

一、收集数据需注意的问题

为保证系统仿真结果的正确性和可靠性,必须先要有大量高质量的原始数据。因此,能否获得正确的原始数据是系统仿真成败的关键因素之一,否则系统仿真只能是由错误的数据得出不靠谱的结果。实际系统可能会有许多输入变量,如何收集数据、需要收集哪些数据,与研究对象和研究目的密切相关,也就是说只需要收集那些对研究目的有用的数据。因此,收集数据时,需要注意以下几点:

(1) 在收集数据的同时注意分析数据,确定收集到的数据足够,足以确定仿真的输入分布,而对仿真无用的数据就无须收集。

(2) 注意尽量把性质相同的数据组合在一起,形成不同类型的数据分组,既便于数据本身的管理,也便于仿真的对比分析。

(3) 确定两个随机变量是否相关。要进行回归分析,同时阐述相应的检验,以确定相关的显著性。

(4) 考察一组观测的、似乎是独立的样本是否具有相关性。自相关可能存在于相继时间周期或是相继的顾客中。

二、收集数据的主要方法

在进行系统仿真时,收集输入数据的方法主要有以下几种:

(1) 通过实际观测获得系统的输入数据。例如,观测在一段时间内通过路口的车辆数目,观测超市中顾客到达收款台的时间。

(2) 由项目管理人员提供的实际运行数据,如在一定阶段内配送中心收到的订单数目。

(3) 从已经发表的研究成果、论文中收集类似系统的输入数据模型。

三、数据处理

收集系统输入数据并分析这些数据,然后利用这些数据建立数据模型,使得所建立的输入数据模型能够正确反映数据的随机特征,这是得到正确仿真结果的重要前提。在收集到系统输入数据后,可以采用如下方法来建立输入的数据模型:

(1) 在仿真运行中直接使用收集到的实际系统的输入数据。该方法很直接,便于对比仿真系统和实际系统的输出结果,但是只能使用收集到的历史数据来驱动仿真模型,而且往往难以有足够多的数据来进行多次仿真实验。现有的很多仿真软件都可以直接导入实际系统的观测数据进行仿真,如 FlexSim、AutoMod。

(2) 把收集到的数据定义为经验分布。可以根据收集到的数据,采用经验分布的处理方法得到数据的经验分布,然后可以用经验分布产生所需要的随机变量值,这样可以产生足够多的数据,便于进行反复、多次的仿真实验。

(3) 把收集到的数据拟合为某种特定的理论分布。根据少量样本建立的经验分布可能与实际变量所服从的分布有偏差,而理论分布则正确地反映了大量样本所服从的分布,避免了由经验分布产生的不规则性。另外,理论分布能够用简洁、规范的形式建立输入数据模型,因此,输入数据的修改非常方便,便于将产生的多种仿真结果进行对比分析。

第三节 数据分布的分析与假设

实际系统中的许多随机变量是可以直接凭经验确定其理论分布的。例如,电话交换台一小时内接收的电话呼叫次数、纺织厂生产的一批布上的疵点个数、纺纱车间大量纱锭在一个间隔时间内断头的个数等服从泊松分布;而一个地区成年男性的身高、半导体器件中的热噪声电流或电压、测量某零件长度的误差等则服从正态分布。但大部分随机变量需要根据采集到的数据来确定随机变量的分布类型。随机变量的分布类型确定往往是对采集的数据预处理后进行分布类型的假设。分布类型的假设方法有多种,如果实际系统的输入数据服从理论分布,会给仿真带来很多便利。

一、连续分布类型的假设

若观测数据来自连续分布,最常用的预处理方法有 3 种,即点估计法、直方图法和概率图法。

(一) 点估计法

连续随机变量分布类型的基本思路为:首先计算连续随机变量的偏差系数,再根据偏差系统的特征寻求与其相近的理论分布,并假设随机变量的分布为这一理论分布。

偏差系数是均方差与均值的比,即:

$$\hat{\tau} = \frac{\sqrt{var(x)}}{E(x)} \tag{4-1}$$

式中,$var(x)$——随机变量分布的方差；

$E(x)$——均值。

如果有随机变量 X,则:

$$\overline{X}(n) = \sum_{i=1}^{n} \frac{x_i}{n} \tag{4-2}$$

$$S^2(n) = \sum_{i=1}^{n} \frac{[x_i - \overline{x}(n)]^2}{n-1} \tag{4-3}$$

式中,$\overline{X}(n)$——随机变量采集数据的均值；

$S^2(n)$——随机变量采集数据的方差。

根据连续随机变量分布的偏差系数表(见表4-1),如果能够找到值相同的偏差系数,则可以近似地假设其为该种理论分布。例如,某随机变量的偏差系数接近1时,可以假设其为指数分布。

表4-1 连续随机变量分布的偏差系数

分布类型	$\hat{\tau}$	$\hat{\tau}$取值范围
$U(a,b)$	$(b-a)/[\sqrt{3}(a+b)]$	$(-\infty, +\infty)$,除 0 以外
$expo(\beta)$	1	1
$gamma(\alpha,\beta)$	$1/\sqrt{a}$	$>1, a<1$ $=1, a=1$ $<1, a>1$
$Weibull(\alpha,\beta)$	$\left\{ \dfrac{\Gamma\left(\dfrac{2}{a}+1\right)}{\left[\Gamma\left(\dfrac{1}{a}+1\right)\right]^2} - 1 \right\}^{1/2}$	$>1, a<1$ $=1, a=1$ $<1, a>1$
$N(\mu,\tau^2)$	τ/ω	$(-\infty, +\infty)$,除 0 以外
$LN(\mu,\tau^2)$	$(\tau^2-1)^{1/2}$	$(0,\infty)$
$beta(a_1,a_2)$	$\left[\dfrac{a_1}{a_2}(a_1+a_2+1)\right]^{-1/2}$	$(0,\infty)$
$triang(a,b,c)$	$\dfrac{(a^2+b^2+c^2-ab-ac-bc)^{1/2}}{\sqrt{2}(a+b+c)}$	$(-\infty, +\infty)$,除 0 以外

(二) 直方图法

直方图法是一种图形估计方法,基本原理是:用观测到的样本数值建立随机变量的概率密度函数分布的直方图,然后把得到的直方图与理论分布的概率密度函数曲线图形做对比，从图形上直观地判断被观测随机变量是否满足某种理论分布。具体做法是：

（1）将所有观测数值分为 k 个区间长度相等的相邻区间，即 $[b_{j-1}, b_j)$，$j=1,2,\cdots,k$，区间宽度 $\Delta b = b_j - b_{j-1}$。

（2）对于第 j 个区间 $[b_{j-1}, b_j)$，令 g_j 表示在第 j 个区间中的观测数据数量 n_j 占整个观测数据的比例，即 $g_j = n_j/n$。

（3）定义函数：

$$h(x) = \begin{cases} 0, & x < b_0 \\ g_j, & b_{j-1} \leqslant x < b_j \\ 0, & x \geqslant b_k \end{cases}$$

（4）将定义的观测数据取值区间画在横坐标轴上，在垂直坐标轴上标记出频率函数，画出被观测变量的直方图（见图 4-2）。

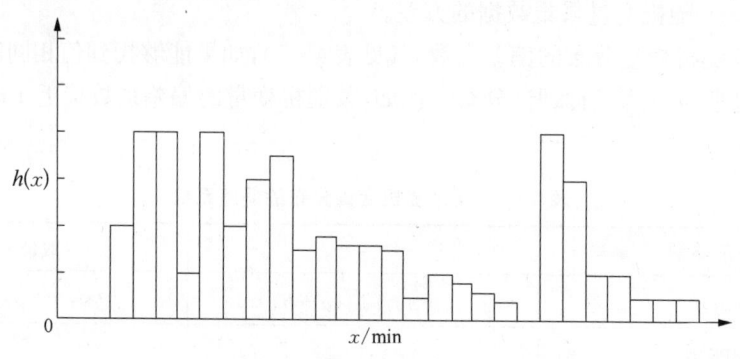

图 4-2 某连续随机变量 $h(x)$ 的直方图

（5）将直方图与理论分布的概率密度函数对比，确定被观测数据服从哪种理论分布。可以看出直方图与连续随机变量的密度函数图十分相似。只要找到与其直方图相近的密度函数图，就可以假设随机变量的分布就是该理论分布。

显然这种方法的关键是确定合理的区间宽度 Δb。如果 Δb 过大，会丢失过多的有用数据，使直方图的拟合曲线过于平滑，从而无法准确判定其理论分布；反之，如果 Δb 过小，又无法消除过多的噪声影响，同样难以准确判定其理论分布。实际做法是不断调整 Δb 的大小，反复对结果进行比较，以不丢失实际数据特征且曲线比较光滑的最佳情形作为选取结果。由于曲线的分布类型与分布参数无关，而分布参数决定了曲线的位置和比例，因此在确定分布类型时无须考虑曲线的位置和比例，仅对形状进行比较。分布类型确定后再确定其分布参数。

在实际应用中，点估计法和直方图法可以相互结合应用。由于点估计法方法简单，计算快捷，可以作为初期判定时使用，当有多种选择需要细致筛选时可以进一步采用直方图法，进行较为准确的判定。

使用直方图法的关键是分段区间大小的选择。分段区间数目到底应该取多少，与观测数值的多少、观测数值的分散程度等都有关系，但没有固定的原则。有研究者建议分段区间的数目取样本数目的平方根；也有研究者认为分段区间的数目应该根据实际情况来确定(Banks J,Carson J.S.)。如果分段区间数目太少,区间太宽,直方图的形状就不能良好地显示出来；如果分段区间的数目过多,区间太窄,则直方图波动较大,不好确定。

下面以顾客开车到达汽车银行的间隔时间模型为例来说明如何应用直方图(Law A. M.,Kelton W.D)来辨识间隔时间服从哪种理论分布。假设顾客到达的间隔时间是连续分布的,属于连续随机变量。

例 4.1 为汽车银行建立仿真模型,需要观测汽车到达银行的时间间隔,建立汽车到达时间间隔的数据模型。在90分钟内共观测到220辆汽车到达银行,得到了219个到达时间间隔。将观测到的到达时间间隔数值和出现次数在表4-2中列出。

(1) 首先确定观测数据的范围。

在观测到的间隔时间数据中,最小间隔是0.01分钟,最大间隔是1.96分钟,观测数值范围为[0.0,0.2]。

(2) 确定相邻区间宽度为$\Delta b=0.01, b_0=0, b_{20}=2.0$,构造出20个长度相等的相邻区间。

(3) 统计第j个区间所包括的观测数据数目占所有观测数据数目的比例g_i,表4-3中列出了具体数值。

(4) 根据表4-2给出函数$h(x)$。

(5) 将连续的区间在横轴上标出,将函数$h(x)$的数值在纵轴上标出,画出如图4-3所示的直方图。

(6) 将直方图与理论分布的概率密度函数曲线做比较。回顾理论分布的概率密度函数曲线,不难发现,图4-3的包络线与指数分布的概率密度函数曲线接近。因此,可以认为顾客到达的间隔时间服从指数分布。

图4-4为分段区间宽度为0.05 min的直方图。由于分段区间的宽度很小,图形波动比较大,因此不容易判断该图形与哪种理论分布的概率密度函数曲线吻合。分段区间宽度为0.2 min的直方图如图4-5所示,区间比较宽,也不能很好地反映出概率密度的变化。因此,在用直方图分析收集到的数据时,要注意选择适当的分段区间宽度。

表4-2 到达间隔时间的数值与出现次数

到达时间间隔(min)	出现次数	到达时间间隔(min)	出现次数	到达时间间隔(min)	出现次数	到达时间间隔(min)	出现次数
0.01	8	0.09	2	0.18	1	0.26	5
0.02	2	0.10	9	0.19	3	0.27	1
0.03	3	0.11	5	0.20	1	0.28	2
0.04	6	0.12	4	0.21	5	0.29	2
0.05	10	0.13	2	0.22	3	0.30	1
0.06	4	0.14	4	0.23	5	0.31	2
0.07	10	0.15	5	0.24	1	0.32	1
0.08	4	0.17	1	0.25	5	0.35	3

续　表

到达时间间隔(min)	出现次数	到达时间间隔(min)	出现次数	到达时间间隔(min)	出现次数	到达时间间隔(min)	出现次数
0.36	3	0.52	2	0.75	1	1.09	1
0.37	2	0.53	3	0.76	1	1.10	1
0.38	5	0.54	2	0.77	1	1.11	1
0.39	1	0.55	2	0.79	1	1.12	1
0.40	2	0.56	1	0.84	1	1.17	1
0.41	2	0.57	2	0.86	1	1.18	1
0.43	3	0.60	1	0.87	1	1.24	2
0.44	1	0.61	2	0.88	2	1.28	1
0.45	2	0.63	2	0.90	1	1.33	1
0.46	1	0.64	1	0.93	2	1.38	1
0.47	3	0.65	3	0.95	1	1.44	1
0.48	1	0.69	2	0.97	1	1.51	1
0.49	4	0.70	1	1.03	1	1.72	1
0.50	3	0.72	3	1.05	2	1.83	1
0.51	3	0.74	1	1.06	1	1.96	1

表 4-3　第 j 个区间中观测数据的比例

区间	观测数据数量	g_i	区间	观测数据数量	g_i
[0.0,0.1)	49	0.223 7	[1.0,1.1)	5	0.022 8
[0.1,0.2)	34	0.155 3	[1.1,1.2)	5	0.022 8
[0.2,0.3)	30	0.136 9	[1.2,1.3)	3	0.013 6
[0.3,0.4)	18	0.082 1	[1.3,1.4)	2	0.009 1
[0.4,0.5)	19	0.086 7	[1.4,1.5)	1	0.004 5
[0.5,0.6)	18	0.082 1	[1.5,1.6)	1	0.004 5
[0.6,0.7)	11	0.050 2	[1.6,1.7)	0	0
[0.7,0.8)	9	0.041 0	[1.7,1.8)	1	0.004 5
[0.8,0.9)	5	0.022 8	[1.8,1.9)	1	0.004 5
[0.9,1.0)	5	0.022 8	[1.9,2.0]	1	0.004 5

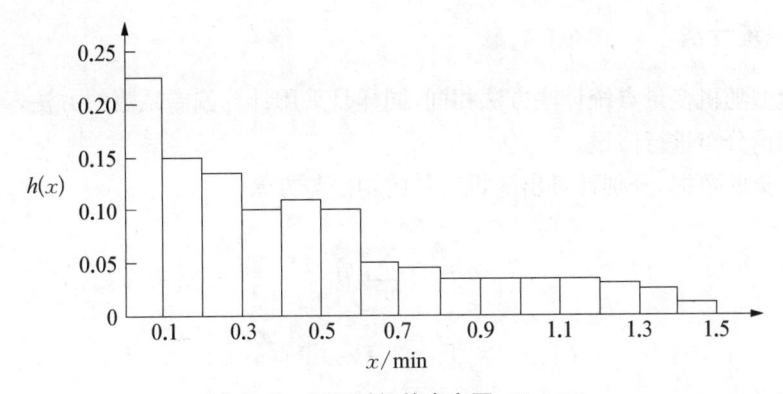

图 4-3　间隔时间的直方图，$\Delta b = 0.1$

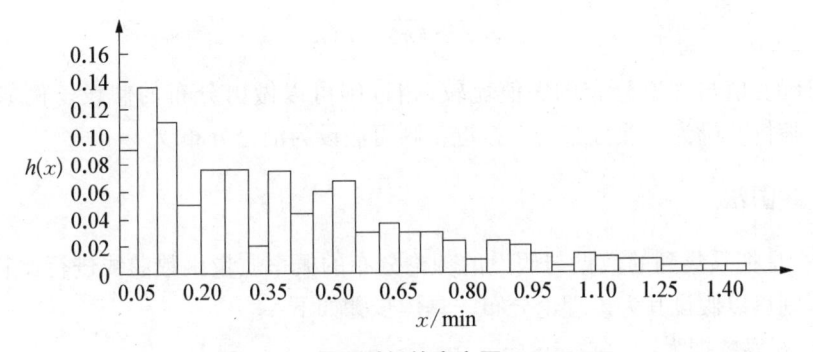

图 4-4　间隔时间的直方图，$\Delta b = 0.05$

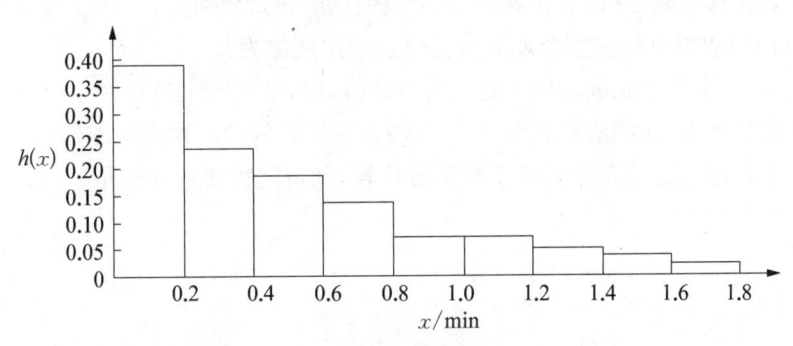

图 4-5　间隔时间的直方图，$\Delta b = 0.2$

(三) 概率图法

直方图法的基本原理是将观测数据的直方图与理论分布的密度函数进行比较，而概率图法的基本原理是将观测数据定义成一个实验分布函数，然后将它与理论分布函数进行比较后再进行假设。

二、离散分布类型的假设

离散型随机变量分布类型的辨识有点统计法和线图法两类。

(一) 点统计法

与连续型随机变量点统计法方法相同,同样是采用计算偏差系数的方法,寻找偏差系数相近的理论分布进行假设。

根据采集的数据,分别计算出随机变量的均值与方差:

$$\overline{x}(n) = \sum_{i=1}^{n} x_i / n \tag{4-4}$$

$$S^2(n) = \sum_{i=1}^{n} [x_i - \overline{x}(n)]^2 / (n-1) \tag{4-5}$$

再根据 $\overline{x}(n)$ 和 $S^2(n)$ 估计出偏差系数 $\hat{\tau}$:

$$\hat{\tau} = \sqrt{S^2(n)} / \overline{x}(n) \tag{4-6}$$

用估计的 $\hat{\tau}$ 值与理论分布的 τ 值比较,相近则可以做出分布的假设。例如,当 $\hat{\tau} < 1$ 时,可假设随机变量为二项分布,若 $\hat{\tau}$ 接近 1 则可假设为泊松分布。

(二) 线图法

线图法是把采集到的数据与假设的理论分布的概率质量函数曲线进行比较,如果找到相近的,则可以假设其为该理论分布。具体步骤如下:

(1) 设观察数据为: $x_1, x_2, \cdots, x_n$;
(2) 将其按递增顺序排列,设共有 m 个取值 ($m \leq n$),分别为 $x(1), x(2)$;
(3) $x(i)$ 的数据个数占整个观测数据个数的比例数为 h_i;
(4) 以 $x(i)$ 作为自变量,以 h_i 的值为函数值,即 $h_i = f(x(i)), i = 1, 2, \cdots, m$;
(5) 由函数值 h_i 向相应的自变量 $x(i)$ 做垂线所得的图形称为线图(见图 4-6);
(6) 与假设的理论分布的概率质量函数比较,确定随机变量的分布。

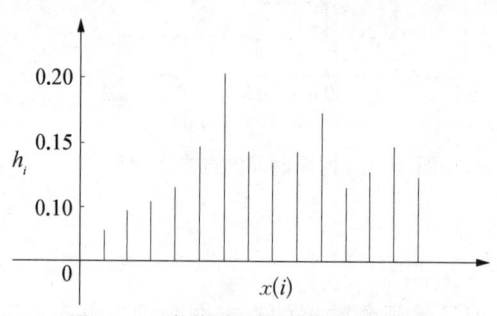

图 4-6 离散型随机变量 h_i 的线图

进行系统仿真时,经常要知道在某一固定时间段内所发生的事件的数目,如在 1 小时内到达银行的顾客数、在 1 天内配送中心接到的订单数目等。这类问题要用离散型随机变量来表述。例 4.2 中所要统计的车辆数目,也是一个离散型随机变量。

例 4.2 观测在 7:00 a.m.~7:05 a.m. 时间段内到达某十字路口西北拐角的车辆数目。每周观测 5 天,连续观测 20 周,在 5 分钟内到达的车辆数目如表 4-4 所示。

表 4-4 在 5 分钟内到达拐角的车辆数目观测值

观测到的车辆数目	观测值出现的频数	h_i	观测到的车辆数目	观测值出现的频数	h_i
0	12	0.12	6	7	0.07
1	10	0.10	7	5	0.05
2	19	0.19	8	5	0.05
3	17	0.17	9	3	0.03
4	10	0.10	10	3	0.03
5	8	0.08	11	1	0.01

(1) 在 20 周内获得了 100 个观测结果,在 5 分钟内到达十字路口西南拐角的车辆数目共有 12 个数值,最小值为 0,最大值为 11。按照递增的顺序从 0 到 11 排列,如表 4-4 所示。

(2) 统计出每个数值出现的数目,也列在表 4-4 中。计算出每个数值出现的数目占全部观测数据数目的比例。

(3) 定义函数 h_i。

(4) 将观测数据的数值标记在横坐标轴上,把函数 h_i 标记在纵坐标轴上,做出线图,如图 4-7 所示。

(5) 将线图与理论分布概率质量函数曲线对比。由图 4-7 可知,其形状与泊松分布的概率密度函数曲线接近,可以得出结论,在 5 分钟内到达的车辆数目服从泊松分布。在系统仿真中,也经常用泊松分布来表示一定时间内到达系统的顾客、工件、车辆等的数量。

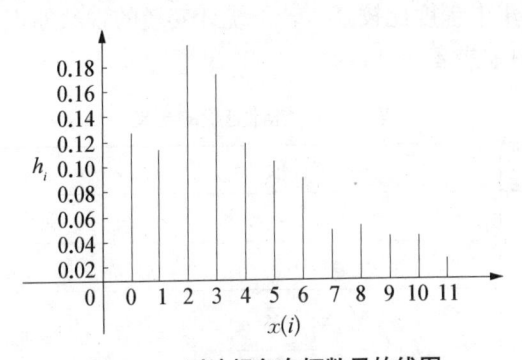

图 4-7 到达拐角车辆数目的线图

第四节　参数的估计

用直方图或线图确定样本数据服从的理论分布之后,还要根据已经观察到的样本计算出理论分布的参数。如果可以确定理论分布的,就建立了输入参数的一个数学模型,可以用前面介绍的方法来生成随机变量的数值。

假设某随机变量的总体分布是 F,其参数是未知的,要用已经观测到的部分样本来计算全部样本总体分布 F 的参数的真值,这样的统计推断问题被称为估计(Estimation)。在数理统计学中有许多参数估计的方法。如果用统计方法给出的结果是关于参数真值的一个点,则称为点估计(Point Estimation);如果给出参数真值存在的一个区间,则称为区间估计(Interval Estimation)。

点估计最常用的统计量是样本均值(Sample Mean)。如果随机变量 X 有 n 个样本 $X_1, X_2, \cdots, X_n$,那么 n 个样本均值记为 $\overline{X}(n)$。按照式(4-7)可以计算出样本均值:

$$\overline{X}(n) = \frac{\sum_{i=1}^{n} X_i}{n} \qquad (4-7)$$

样本均值 $\overline{X}$ 就是随机变量 X 期望值 $E(X)$ 的一个点估计。在很多情况下可以用均值 $\overline{X}$ 来代表随机变量 X。例如,银行出纳员为顾客提供服务的平均服务时间为 1 分钟、地铁列车的平均间隔时间为 3 分钟。但是,均值只刻画了随机变量的一个特征,即随机变量取值的中位数,此外还需要知道随机变量的分散度有多大。样本的方差就是代表这种分散程度的统计量。定义 S 为样本的偏差(Variance),$S^2(n)$ 为样本的方差(Square Variance)。样本方差的计算公式为:

$$S^2(n) = \frac{\sum_{i=1}^{n} X_i^2 - n\overline{X}(n)^2}{n-1} \qquad (4-8)$$

样本方差越大,说明样本与均值的偏离越大,即样本数值的分散性大;反之,样本方差越小,说明样本数值的集中程度比较高。若干统计变量的含义如表 4-5 所示。一些理论分布的参数及其估计值如表 4-6 所示。

表 4-5 统计变量的含义

函 数	样本统计值	含 义
均值 μ	$\overline{X}(n)$	随机变量取值的中位数
方差 σ^2	$S^2(n)$	随机变量分散程度的指标
偏移度 $\nu = \dfrac{E[(X-\mu)^3]}{(\sigma^2)^{3/2}}$	$\hat{\nu}(n) = \dfrac{\sum_{i=1}^{n}[X_i - \overline{X}(n)]^3}{[S^2(n)]^{3/2}}$	随机变量对称性的指标

表 4-6 理论分布的参数估计

分布类型	参 数	参数估计值
泊松分布	λ	$\hat{\lambda} = \overline{X}$
指数分布	λ	$\hat{\lambda} = \dfrac{1}{\overline{X}}$
(a,b)均匀分布	b	$b = \dfrac{n+1}{n} X_{max}$
正态分布	μ, σ^2	$\hat{\mu} = \overline{X}, \hat{\sigma}^2 = S^2$

例 4.3 根据分布辨识的结果,例 4.1 的数据服从指数分布,计算该指数分布的参数。
用式(4-7)计算样本均值:

$$\overline{X} = \frac{\sum_{i=1}^{219} X_i}{219} = 0.399$$

根据表 4-6 给出的说明,指数分布参数 λ 的估计值 $\hat{\lambda} = \dfrac{1}{\overline{X}(219)} = 2.506$。用式 (4-8)计算样本方差:

$$S^2(219) = \frac{\sum_{i=1}^{219} X_i^2 - 219\overline{X}(219)^2}{218} = 0.144\,6$$

例 4.4 根据分布辨识的结果,例 4.2 的数据服从泊松分布,计算该泊松分布的参数。

这里用一种变化的形式计算样本均值。在建立线图时,统计出了每个数值出现的次数以及占全部样本数目的比例 h_j,可以用以下数值出现的比例计算样本均值:

$$\overline{X}(100) = \sum_{j=1}^{k} h_j X_j = 3.64$$

样本方差为:

$$S^2(100) = \frac{\sum_{i=1}^{n} X_i - n\overline{X}^2}{n-1} = \frac{2\,080 - 100\,(3.64)^2}{99} = 7.63$$

车辆达到数目服从泊松分布,其参数的估计值为 $\hat{\lambda} = 3.64$。

第五节 拟合优度检验

由观测数据假设了其分布的类型并估计出其参数以后,一般需要检验该分布与这需观测数据的吻合程度,即进行拟合优度检验。本节主要介绍两种常用的拟合优度检验方法:χ^2 测试(Chi-square Test)和 $K-S$ 测试(Kolmogorov-Smirnov Test)。

一、χ^2 测试

χ^2 测试可以说是最早提出的拟合度测试方法,至少可以追测到 K. Pearson 在 1900 年发表的论文,在论文中提出了 χ^2 统计量。χ^2 测试检验以下两个假设是否成立:
(1) H_0:随机变量 X 满足假定的分布。
(2) H_1:随机变量 X 不满足假定的分布。
如果 H_0 假设被接受,那么被检验的随机变量就满足所假定的分布;如果 H_0 假设被拒绝，则被检验的随机变量不满足所假定的分布。

将 n 个观测样本按数值大小分到 k 个相邻区间 $[a_{j-1}, a_j)(j=1,2,\cdots,k)$ 中，按照以下公式计算 χ^2 统计量，则：

$$\chi_0^2 = \sum_{j=1}^{k} \frac{(N_j - np_j)^2}{np_j} \qquad (4-9)$$

其中，N_j 为在第 j 个区间中的观测样本数，p_j 为按照假设的分布确定的样本在该区间中出现的概率。对于连续变量，$p_j = \int_{a_{j-1}}^{a_j} \hat{f}(x)\mathrm{d}x$；对于离散型变量，$p_j = \sum_{a_{j-1} \leqslant x_i \leqslant a_j} \hat{p}(x_i)$。其中，$\hat{F}$ 是所假设的分布的概率密度函数；$\hat{p}$ 是所假设的分布的概率质量函数。

χ_0^2 服从 $k-s-1$ 自由度的 χ^2 分布，其中，k 为所划分区间的数目，s 为假定的分布的参数数目。如果 $\chi_0^2 > \chi_{a,k-s-1}^2$，则 H_0 假设被拒。a 是显著水平，相应的 $(1-a) \times 100\%$ 就是置信度。

不要求 k 个相邻区间的宽度都相等。对于离散型随机变量，区间的数量由观测样本的取值数目确定；对于连续随机变量，区间数量采用表 4-7 中的推荐值。

表 4-7 连续随机变量的区间数目推荐值（Banks J., Carson J. S.）

样本总数 n	区间数目 k	样本总数 n	区间数目 k
20	不使用 χ^2 测试	100	10~20
50	5~10	>100	$\sqrt{n} \sim n/5$

例 4.5 根据例 4.2 和例 4.4，在 5 分钟内到达十字路口西南拐角的车辆数目被假设为服从泊松分布，通过参数拟合得到 $\lambda=3.64$，在显著水平 $\alpha=0.05$ 时，用 χ^2 测试检验在 5 分钟内到达十字路口西南拐角的车辆数目是否服从所假设的泊松分布。

离散泊松分布的概率质量函数为：

$$p(x) = \begin{cases} \dfrac{e^{-3.64} 3.64^x}{x!}, & x=0,1,2,\cdots \\ 0, & \text{其他} \end{cases}$$

表 4-8 是按照离散泊松分布的概率密度函数计算出的整数 x 取值 0~11 时的概率质量。

表 4-8 离散泊松分布的概率质量

$P(0)=0.026$	$P(4)=0.192$	$P(8)=0.020$
$P(1)=0.096$	$P(5)=0.140$	$P(9)=0.008$
$P(2)=0.174$	$P(6)=0.085$	$P(10)=0.003$
$P(3)=0.211$	$P(7)=0.044$	$P(11)=0.001$

首先将总共 100 个样本值分为 7 个相邻的区间,然后再根据离散泊松分布的概率密度函数计算出概率质量,如果满足所假定的泊松分布,在每个取值区间内应该出现的样本数目为 np_i。p_i 为所假定的泊松分布,取第 i 个区间中的数值的概率质量,n 为全部样本的数目。检测统计量的计算过程在表 4-9 中列出。

表 4-9 检测统计量的计算过程

X_i	观测到的数目	预计的数目 np_i	$\dfrac{(N_i - np_i)^2}{np_i}$
0,1	22	12.2	7.87
2	19	17.4	0.15
3	17	21.1	0.8
4	10	19.2	4.41
5	8	14.0	2.57
6	7	8.5	0.26
7,8,9,10,11	17	7.6	11.62

统计量 $\chi_0^2 = \sum_{j=1}^{7} \dfrac{(N_j - np_j)^2}{np_j} = 27.68$,显著水平 $\alpha = 0.05$。泊松分布有一个参数,则 χ^2 分布的自由度为:

$$k - s - 1 = 7 - 1 - 1 = 5$$

查泊松分布表可得关键值 $\chi_{0.05,5}^2 = 11.1$。因此,在显著水平取 $\alpha = 0.05$ 时,H_0 假设被拒绝,即样本数据不服从所假定的泊松分布。

二、柯尔莫哥洛夫-斯米尔洛夫检验(K-S 检验)

χ^2 测试的困难是:采用 χ^2 测试需要确定分段区间,如何确定分段区间没有严格的规则,区间数量不同对统计量有比较大的影响。对于同一组样本,在选择某个区间数量时,可能会得到样本不服从所假设分布的结论;而选择另外的区间数目,则可能会得出样本服从所假设分布的结论。另外,当样本数量比较少的时候,不能采用 χ^2 测试。Kolmogorov-Smirnov 测试(简称 K-S 检验)基本原理是把经验分布函数与所假设分布的分布函数做比较。使用 K-S 检验不用确定分段区间,对样本数量也没有限制。

假设观测到一组样本 $X_1, X_2, \cdots, X_n$,进行 K-S 检验的步骤如下:

(1) 定义样本经验的经验分布函数 $F_n(x)$,即:

$$F_n(x) = \frac{number of X_i's \leqslant x}{n} \tag{4-10}$$

$F_n(x)$ 是数值小于等于 x 的观测样本占全部样本数目的比例。

(2) 计算 K-S 统计量 D_n。D_n 是经验分布函数 $F_n(x)$ 与所假设的分布函数 $\hat{F}(x)$ 的最小偏差值。将观测值按照递增的顺序排列 $X_{(1)} \leqslant X_{(2)} \leqslant \cdots \leqslant X_{(n)}$,分别计算:

$$D_n^+ = \max_{1 \leq i \leq n} \left\{ \frac{i}{n} - \hat{F}(X_{(i)}) \right\} \qquad (4-11)$$

$$D_n^- = \max_{1 \leq i \leq n} \left\{ \hat{F}(X_{(i)}) - \frac{i-1}{n} \right\} \qquad (4-12)$$

则 $D_n = \max\{D_n^+, D_n^-\}$。统计量 D_n 的值越大，经验分布函数与所假设的分布函数的偏差就越大。

(3) 判断样本是否服从所假设的分布。将统计量与一定显著水平下的关键值 $d_{n,\alpha}$ 比较，如果 $D_n \leq d_n$，则 H_0 假设被接受，样本服从所假设的分布；否则，H_0 假设被拒绝，样本不服从假设的分布。

例 4.6 在 100 分钟内观测到了 50 个顾客到达的间隔时间，按照顾客到达的先后顺序，间隔时间如下（单位为 min）：

0.44,0.53,2.04,2.74,2.00,0.30,3.06,0.36,1.66,1.89,
1.53,0.21,2.80,0.04,1.35,8.32,2.34,1.95,0.10,1.42,
0.45,0.08,1.09,0.76,5.54,3.94,1.02,2.31,2.88,0.67,
1.12,0.26,4.57,5.37,0.12,3.19,1.63,1.46,1.08,2.06,
0.85,0.83,2.44,1.02,2.24,2.11,3.15,2.90,6.58,0.64

用 $K-S$ 检验间隔时间是否满足指数分布。

顾客到达的间隔时间是在 $(0,100)$ 时间区间上收集到的，如果间隔时间服从指数分布，那么顾客到达时间在 $(0,100)$ 时间区间上是均匀分布的。为本例方便起见，把顾客到达时间归一化到 $(0,1)$ 区间上。归一化后的到达时间如下：

0.004 4,0.009 7,0.030 1,0.057 5,0.077 5,0.080 5,0.111 1,0.114 7,0.131 3,0.150 2,
0.165 5,0.167 6,0.195 6,0.196 0,0.209 5,0.292 7,0.316 1,0.335 6,0.336 6,0.350 8,
0.355 3,0.356 1,0.367 0,0.374 6,0.430 0,0.469 4,0.479 6,0.502 7,0.531 5,0.538 2,
0.549 4,0.552 0,0.597 7,0.651 4,0.652 6,0.684 5,0.700 8,0.715 4,0.726 2,0.745 8,
0.755 3,0.763 6,0.788 0,0.798 2,0.820 6,0.841 7,0.873 2,0.902 2,0.968 0,0.974 4

经验分布函数与 $(0,1)$ 均匀分布偏差的计算过程列在表 4-10 中。从表 4-10 可以得到，$D_n^+ = 0.105\ 4$，$D_n^- = 0.008\ 0$，所以 $K-S$ 统计量 $D=0.105\ 4$。统计量 D 关键值可以查表得到，取显著水平 $\alpha=0.05$，当 $n=50$ 时：

$$d_{50,0.05} = \frac{1.36}{\sqrt{n}} = \frac{1.36}{\sqrt{50}} = 0.192\ 3$$

统计量 D 比关键值小，所以检验结果表明间隔时间服从指数分布。

表 4-10 D_n^+ 和 D_n^- 的计算过程

D_n^+	D_n^-	D_n^+	D_n^-	D_n^+	D_n^-	D_n^+	D_n^-	D_n^+	D_n^-
0.015 6	0.004 4	0.054 5	−0.034 5	0.064 7	−0.044 7	0.070 6	−0.050 6	0.064 7	−0.044 7
0.030 3	−0.010 3	0.072 4	−0.052 4	0.083 9	−0.063 9	0.088 0	−0.068 0	0.076 4	−0.056 4
0.029 9	−0.009 9	0.064 4	−0.044 4	0.093 0	−0.073 0	0.062 3	−0.042 3	0.072 0	−0.052 0

续　表

D_n^+	D_n^-	D_n^+	D_n^-	D_n^+	D_n^-	D_n^+	D_n^-	D_n^+	D_n^-
0.022 5	−0.002 5	0.084 0	−0.064 0	0.105 4	−0.085 4	0.028 6	−0.008 6	0.081 8	−0.061 8
0.022 5	−0.002 5	0.090 5	−0.070 5	0.070 0	−0.050 0	0.047 4	−0.027 4	0.079 4	−0.059 4
0.039 5	−0.019 5	0.027 3	−0.007 3	0.050 6	−0.030 6	0.035 5	−0.015 5	0.078 3	−0.058 3
0.028 9	−0.008 9	0.023 9	−0.003 9	0.060 4	−0.040 4	0.039 2	−0.019 2	0.066 8	−0.046 8
0.045 3	−0.025 3	0.024 4	−0.004 4	0.057 3	−0.037 3	0.044 6	−0.024 6	0.057 8	−0.037 8
0.048 7	−0.028 7	0.043 4	−0.023 4	0.048 5	−0.028 5	0.053 8	−0.033 8	0.012 0	0.008 0
0.049 8	−0.029 8	0.049 2	−0.029 2	0.061 8	−0.041 8	0.053 2	−0.033 2	0.025 6	−0.005 6

第六节　案例分析——出行时间的分布

在人们的出行选择中，出行时间准确性往往是考虑的主要因素之一，用户希望在期望的出行时间内尽可能快地到达终点，同时交通规划与管理部门也希望能减小出行时间波动的幅度以提供更稳定的服务。出行时间可靠性是对出行准时性的概率测度，是研究交通网络可靠性的重要指标之一。科学计算出行时间的可靠性是衡量路网性能的重要手段，也为建设合理、可靠的道路交通网络系统提供有力支持。在研究出行时间的可靠性的过程中，出行时间的分布规律有着重要作用。目前对于出行时间的分布仍然没有统一认可的结论，其分布形式有正态函数、对数正态函数、Beta分布等多种类型。车辆在行驶的过程中，道路供需不断变化，路网状态动态改变，造成路段出行时间的概率分布也发生改变。因此，出行时间的分布规律需要根据不同的路况、时间和环境等因素分别进行研究。本节基于实际的路段出行时间数据，探讨几个典型时刻的路段出行时间分布规律，对于一些规律性不强的出行时间分布，应用 Edgeworth 级数渐近的方法来逼近其分布函数，进而计算路段出行时间可靠性。

本案例研究路段为上海外环快速路，研究范围如图 4-8 所示，该图为沪青平立交与

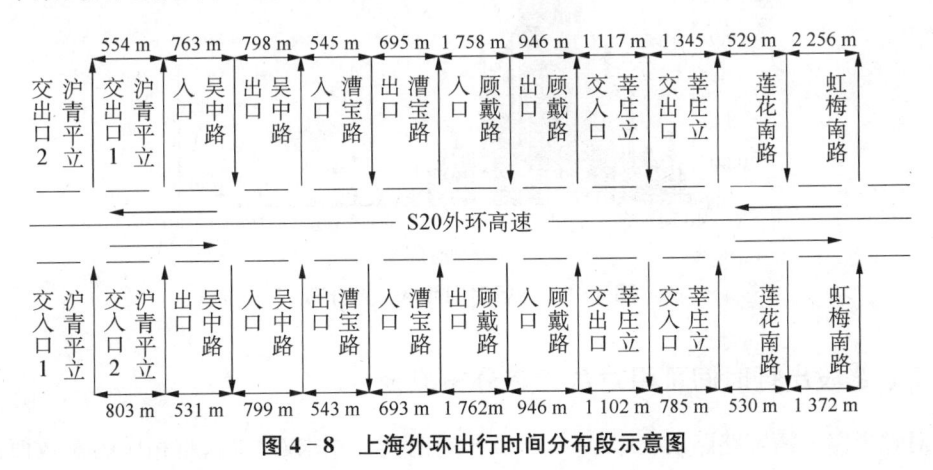

图 4-8　上海外环出行时间分布段示意图

虹梅南路之间的 S20 外环高速示意图,收集了该研究区段各个路段 2013 年 5 月 1 日到 7 月 31 日期间,每天每间隔 2 min 的车流量和车辆行驶瞬时速度,并根据速度—位移关系,得到相应的出行时间,处理后分析其分布特征。

本文根据路段交通流量特征,分析路段几个典型时间窗的出行时间概率分布情况,见表 4-11,根据不同的时间窗分类研究所收集的数据。对于某个时间窗的出行时间数据,得到这类数据的直方图,估计其分布,利用假设检验的方法最终确定其分布类型。最终发现不同路段不同时间窗的路段出行时间,有的利用正态分布拟合较好,有的利用对数正态分布拟合较好,但很多情况,用正态分布和对数正态分布来拟合的准确度均不高。

表 4-11 基于交通流量的典型研究时刻

研究时段	3:00~4:00	8:00~9:00	10:00~11:00	12:00~13:00
峰期	自由流时段	早高峰	平峰时段	午高峰
研究时段	15:30~14:30	17:30~18:30	20:30~22:00	22:00~3:00
峰期	平峰时段	晚高峰	平峰时段	自由流时段

一、路段出行时间可用正态分布拟合

对漕宝路—顾戴路路段,研究早高峰 8:00~9:00 的出行时间数据,利用正态分布拟合并进行 K-S 检验。通过 MATLAB 绘制相应的直方图与正态分布概率密度函数,如图 4-9 所示,了得到相应的 P 值为 0.109 9,显著性水平取 0.05,检验结果大于该值,故认为该路段在 8:00~9:00 的出行时间服从正态分布。

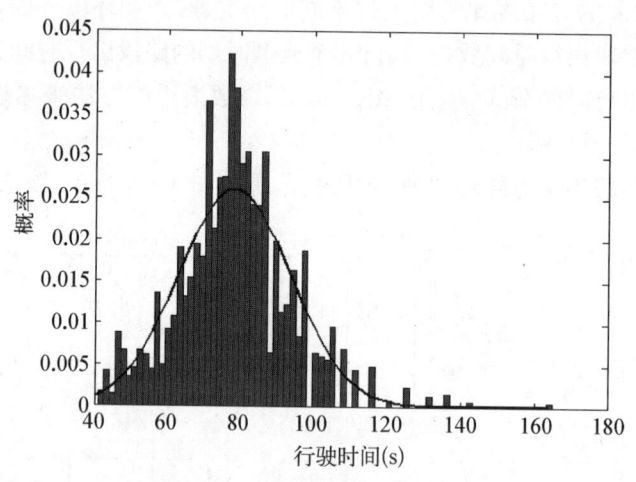

图 4-9 出行时间服从正态分布

二、路段出行时间可用对数正态分布拟合

对顾戴路—漕宝路路段 10:00~11:00 出行时间数据求对数后,将相应的对数值进行

正态分布拟合,见图4-10,通过 K-S 检验,得到其 P 值等于 0.067 6,大于显著性水平 0.05,故认为该路段的出行时间服从对数正态分布。

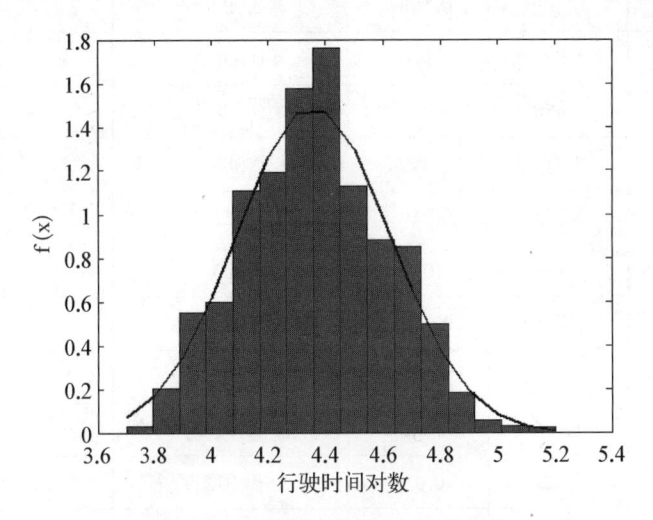

图4-10 出行时间拟合对数正态分布

三、分布函数用渐近展开表达方式

虽然有些路段某些时刻的出行时间服从正态分布或者对数正态分布,但实际上城市复杂的交通状况早已使出行时间变得难以确定,出行时间规律越来越不明显,出行时间分布函数和密度函数很难用常用的已知分布函数表达,这给研究出行时间可靠性带来了困难。在这种情况下,可以考虑利用其他近似表达式来研究出行时间分布,常用的分布函数渐近展开表达方式,有 Gram-Charlier 级数、Edgeworth 级数和 Laguerre 正交多项式等。

表4-12为上海外环早高峰路段出行时间数据,做出其直方图(见图4-11)。这段道路车辆的出行时间概率密度函数用 Edgeworth 级数近似表达。

表4-12 早高峰时刻比较分析的相关数据

编号	分组	频数	频率	正态分布期望概率	Edgeworth 分布期望概率
1	(80,90]	2 033	0.025 2	0.018 7	0.017 1
2	(90,100]	2 622	0.032 5	0.028 1	0.032 3
3	(100,110]	2 261	0.028	0.039 8	0.051 3
4	(110,120]	3 135	0.038 9	0.053 2	0.071 8
5	(120,130]	5 437	0.067 4	0.067 1	0.09
6	(130,140]	8 004	0.099 3	0.079 9	0.102 5
7	(140,150]	12 342	0.153	0.089 8	0.106 4

续 表

编号	分组	频数	频率	正态分布期望概率	Edgeworth分布期望概率
8	(150,160]	13 396	0.166 1	0.095 2	0.101 5
9	(160,170]	5 685	0.070 5	0.095 3	0.089 5
10	(170,180]	5 538	0.068 7	0.090 1	0.073 8
11	(180,190]	4 819	0.059 8	0.080 3	0.057 9
12	(190,200]	3 721	0.046 1	0.067 6	0.044 5
13	(200,210]	1 178	0.014 6	0.053 7	0.034 9
14	(210,220]	3 543	0.043 9	0.040 2	0.028 4
15	(220,230]	900	0.011 2	0.028 5	0.024
16	(230,240]	1 792	0.022 2	0.019	0.020 4
17	(240,250]	1 047	0.013	0.012	0.016 9
18	(250,260]	408	0.005 1	0.007 1	0.013 5
19	(260,270]	843	0.010 5	0.004	0.009 9
20	(270,280]	929	0.011 5	0.002 1	0.007
21	(280,290]	156	0.001 9	0.001 1	0.004 3
22	>290	852	0.010 6	0.00	0.005 6

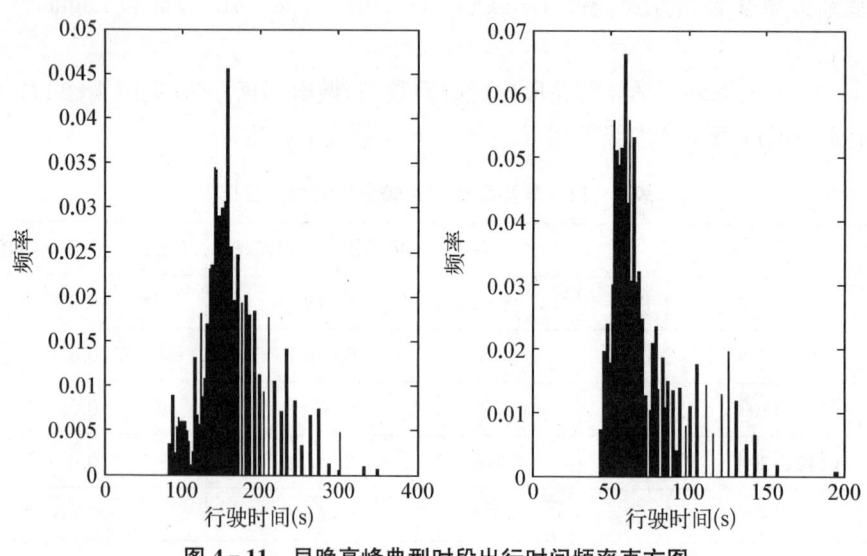

图 4-11 早晚高峰典型时段出行时间频率直方图

出行时间概率密度函数的 Edgeworth 级数近似表达式，与其直方图对比，得到图 4-12。由图可见，Edgeworth 级数出行时间概率密度函数基本能够反映出行时间的分布规律。将 Edgeworth 级数出行时间估计与正态分布做比较，早高峰时刻相关数据列于表 4-12。

通过计算正态分布的期望概率、Edgeworth 级数出行时间的期望概率与实际频率之间的绝对误差来比较二者估计出行时间的准确度，本文用最大绝对误差值、平均绝对误差以及误差平方和这三个参数来描述，结果见表 4-13，相应的晚高峰时刻的分析结果见表 4-14。可以看出，用 Edgeworth 级数估算出来的出行时间的最大绝对误差值、平均绝对误差与误差平方和均小于正态分布，Edgeworth 级数估计值与实际频率之间的误差较小。现阶段，大部分出行时间可靠性计算模型均假设道路出行时间服从正态分布，验证结果也表明正态分布满足精度要求，而用 Edgeworth 级数拟合的出行时间分布准确度显然高于正态分布。因此，本文提出的基于 Edgeworth 级数的出行时间分布模型具有可行性。

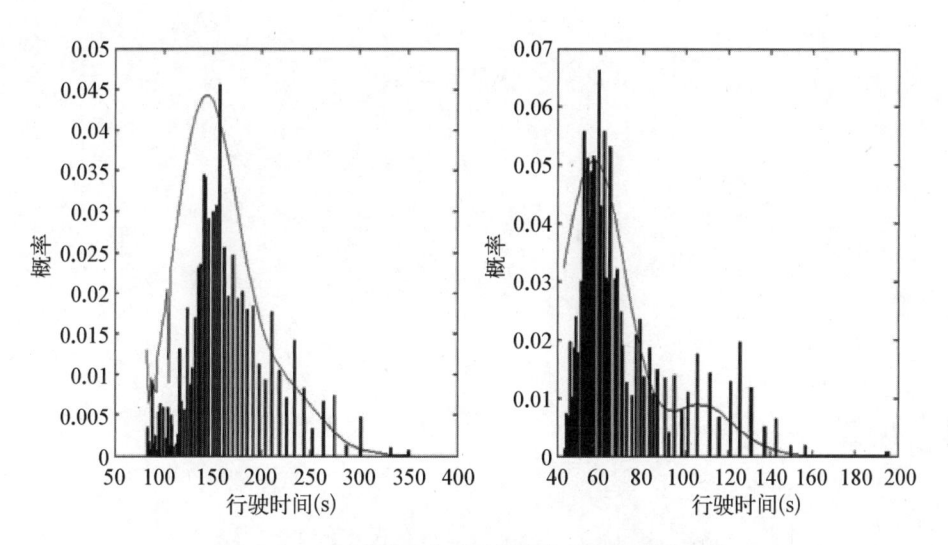

图 4-12 早晚高峰典型时段出行时间概率分布图

表 4-13 早高峰路段出行时间估计的误差分析

类 别	正态分布	Edgeworth 级数分布
最大绝对误差值	0.070 9	0.064 6
平均绝对误差	0.016 9	0.013 8
误差平方和	0.013 8	0.009 9

表 4-14　晚高峰路段出行时间估计的误差分析

类　别	正态分布	Edgeworth 级数分布
最大绝对误差值	0.261 5	0.184
平均绝对误差	0.047 5	0.031 3
误差平方和	0.090 6	0.043 8

思考题

1. 简述收集数据时需要注意哪些事项。
2. 对于离散型的随机变量,收集数据以后,需要对数据进行哪些处理?

第五章　离散事件系统仿真策略

学习目标

1. 掌握事件调度法的主要步骤。
2. 理解活动扫描法、进程交互法的主要过程。
3. 了解三段扫描法。

仿真策略是确定仿真钟推进策略的控制方法，是仿真控制的核心。目前最常用的仿真策略有事件调度法（Event Scheduling）、活动扫描法（Activity Scanning）、三段扫描法（Three Phase）和进程交互法（Process Interaction）。

第一节　事件调度法

一、事件调度法概述

事件调度法最早出现在 1963 年兰德公司的 Markowitz 等人推出的 SIMSCRIPT 语言的早期版本中。离散事件系统的一个基本的概念是事件，事件的发生引起系统状态的变化。事件调度法以事件为分析系统的基本单元，通过定义事件及每个事件发生对系统状态的影响，按时间顺序确定并执行每个事件发生时有关的逻辑关系并策划新的事件来驱动模型的运行，这就是事件调度法的基本思想。

事件调度法的仿真钟采用变步长的推进方法。每推进一次仿真钟，对每一个事件发生所引起的系统状态变化进行处理和记录。事件调度法的基本部件包括事件表、事件控制程序和事件处理子程序。事件表按时间的顺序存放所发生的事件以及这些事件的相关属性。事件控制程序根据事件发生的间隔推进仿真钟。事件处理子程序处理每种事件发生时系统状态所发生的变化。事件调度法的程序结构如图 5-1 所示。

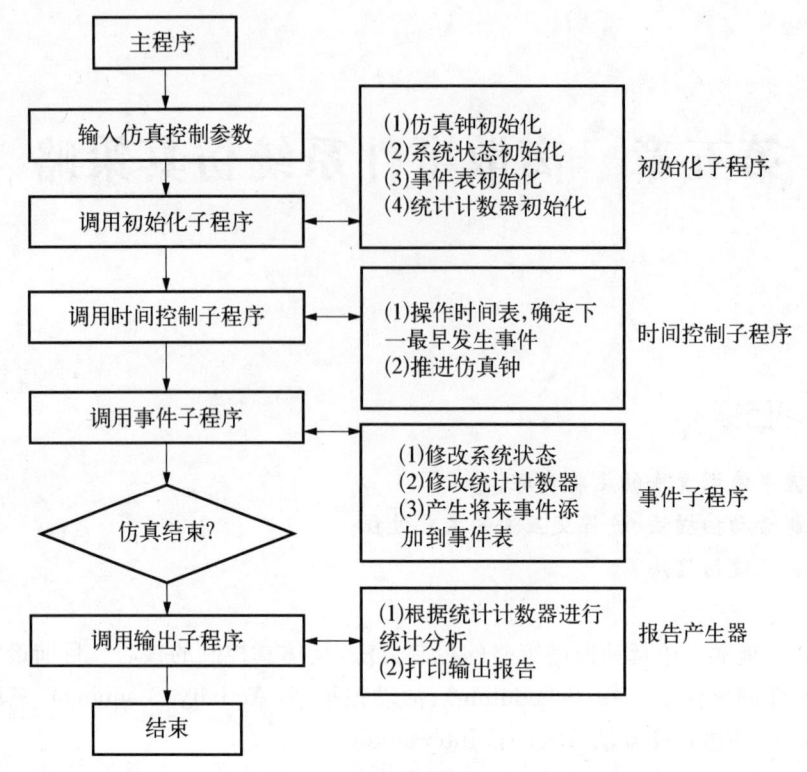

图 5-1 事件调度法程序结构

在事件调度法中需要定义一些参数,用于描述实体、属性和系统状态。

(一) 成分集合

成分集合定义为 $C=\{a_1,a_2,\cdots,a_n\}$,可分为主动成分和被动成分。
主动成分:$C_A=\{a_1,a_2,\cdots,a_m\}$;
被动成分:$C_P=\{a_{m+1},a_{m+2},\cdots,a_n\}$。

(二) 用来描述每个主动成分 $a \in C_A$ 的变量

a 的状态 s_a,值域 S_a;
下一时刻的时间变量 t_a。

(三) 描述每个被动成分 $a \in C_P$ 的变量

a 的状态 s_a,值域 S_a。

(四) 描述所有成分属性的变量

参数集合 $p=\{p_1,p_2,\cdots,p_r\}$。

另外,还需要描述各成分之间的关系、事件处理流程、成分状态变化、处理优先级、解结规则。

二、事件调度法的步骤

事件调度法的仿真过程如下：

(1) 初始化。置仿真的开始时间 t_0 和结束时间 t_f，设置各实体的初始状态，事件表初始化。

(2) 置仿真时钟 $TIME = t_0$。

(3) 如果 $TIME \geq t_f$，转至第(4)步，否则执行：

操作事件表，取出发生时间最早的事件 $E, i = 1, 2, \cdots, n$；

将仿真时间推进到此事件的发生时间，$TIME = t_E$；

{Case 根据事件 E 的类型：

$E \in E_1$：执行 E_1 的事件处理模块；

$E \in E_2$：执行 E_2 的事件处理模块；

……

$E \in E_n$：执行 E_n 的事件处理模块；

Endcase}；

更新系统状态，策划新的事件，修改事件表；重复执行第(3)步。

(4) 仿真结束。

事件调度法第(3)步体现出仿真时钟的推进机制，即将仿真时钟推进到下一最早事件的发生时刻，就是下次事件的事件推进机制。

三、事件表的处理

复杂系统运行中事件表规模巨大，如果采用传统的处理方式，每处理完一个事件要将事件表中的所有项向上平移一行。这样的处理显然需要占用时间。为了提高处理效率，采用链表分配法是可取的。

图 5-2 描述了用链表分配法对事件表存储和操作的过程。

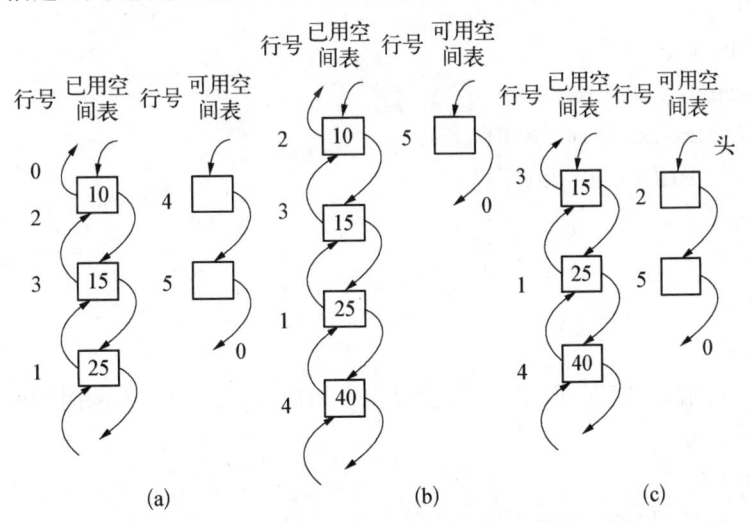

图 5-2 链表分配法处理事件表的原理

在图 5-2 中,(a)表示在事件表已有 3 个未来事件,事件发生时间分别为 10、15 和 25,占用了链表中的链节 2、3 和 1,另有链节 4、5 未被使用;(b)表示又产生了一个新的未来事件,事件发生时间为 40,占用链节 4,还剩链节 5 未被使用;(c)表示发生时间为 10 的未来事件被移出事件表,释放链节 2。

第二节　活动扫描法

一、活动扫描法概述

活动扫描法最早出现于 1962 年 Buxton 和 Laski 发布的 CSL 语言中。以活动为分析系统的基本单元,认为仿真系统在运行的每一个时刻都由若干活动构成,每一个活动对应一个活动处理模块,来处理与活动相关的事件。活动与实体有关,主动实体可以主动产生活动,如单机器加工系统中的工件,它的到达产生排队活动或加工活动;被动实体本身不能产生活动,只有在主动实体的作用下才产生状态变化,如单机器加工系统中的机器。

活动的激发与终止都是由事件引起的,活动周期图中的任一活动都可以由开始和结束两个事件表示,每一个事件都有相应的活动处理。处理中的操作能否进行取决于一定的测试条件,该条件一般与时间和系统的状态有关,而且时间条件优先考虑。确定事件的发生时间事先可以确定,因此其活动处理的测试条件只与时间有关;条件事件的处理测试条件与系统状态有关。一个实体可以有几个活动处理,协同活动的处理只归属于参与的一个实体(一般为永久实体)。在活动扫描法中,除了设计系统仿真全局时钟外,每一个实体都带有标志自身时钟值的时间元(time-cell),时间元的取值由所属实体的下一确定时间刷新。

所谓时间元就是各个实体的局部时钟,而系统仿真时钟是全局时钟。时间元的取值方法有两种:

(1) 绝对时间法。将时间元的时钟值设定在相应实体的确定事件发生时刻。此时,时间扫描法算法为:

```
For i = 1to m
  If(time-cell[i]>TIME) then
      If(time-cell[i]<MIN) then
          MIN = time-cell[i]
      End if
  End if
End for
TIME = MIN
```

(2) 相对时间法。将时间元的时钟值设定在相应实体确切发生的时间间隔上。此时事件扫描法算法为:

```
For i = 1to m
  If(time-cell[i]>0) then
```

```
        If(time-cell[i]<MIN) then
            MIN = time-cell[i]
        End if
    End if
End for
TIME = TIME + MIN
For i = 1 to m
    Time-cell[i] = time-cell[i]-MIN
End for
```

事件扫描法的基本思想是用各个实体时间元的最小值推进仿真时钟,将仿真时钟推进到一个新的时刻,按优先顺序执行可激活实体的活动处理,使测试通过的事件得以发生并改变系统的状态和安排相关确定事件的发生时间。因此,与事件调度法中的事件处理模块相当,活动处理是活动扫描法的基本处理单元。

二、活动扫描法的步骤

活动扫描法程序如图 5-3 所示,具体的仿真过程如下:

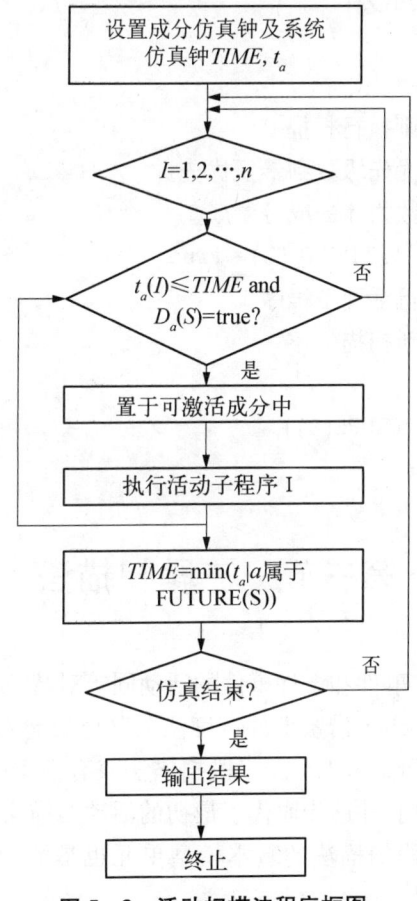

图 5-3　活动扫描法程序框图

(1) 初始化操作，分为以下几步：

仿真钟初始化：$TIME=T_0$；

置初始事件 $t=t_0$，结束时间 $t_\infty=t_e$；

设置主动成分的仿真钟 $t_0(i), i=1,2,\cdots,m$；

成分状态初始化：$S=(S_{a1},t_{a1}),(S_{a2},t_{a2}),\cdots,(S_{an},t_{an})$。

(2) 设置条件处理模块，并将满足下列条件的成分置于成分集合中：

$$a \in PRESENT(S) \cup PAST(S)$$

$$D_a(S)=true$$

即：

$$ACTIVABLE(S)=\{a \mid a \in PRESENT(S) \cup PAST(S), D_a(S)=\text{true}\}$$

(3) 逐一处理可激活成分中的各成分的活动，直至可激活成分集合中的活动全部被处理完为止。

(4) 将系统仿真钟推进到下一最早发生的活动时刻，即：

$$TIME=\min(t_a \mid a \in FUTURE(S))$$

上述过程用程序流程表示为：

初始化时间和成分状态，

设置系统仿真钟 TIME = t_0

```
While(TIME≤T∞)则执行扫描
    for j = 最高优先级数到最低优先数
        将优先数为 j 的成分置成 I
        if t_a(1)≤TIME D_a(S) = true
            执行活动子程序 I
        退出重新扫描
    End for
    TIME = min(t_a|a∈FUTURE(S))
End while
```

第三节 三段扫描法

由于活动扫描法将确定事件和条件事件的活动同等对待，都要通过反复扫描来执行，因此效率极低。1963 年，Tocher 借鉴事件调度法的某些思想对活动扫描法进行了改进，提出了三段扫描法(Three Phase，TP)。三段扫描法兼有活动扫描法简单和事件调度法高效的优点，因此被广泛采用，并逐步取代了最初的活动扫描法。

同活动扫描法一样，三段扫描法的基本模型单元也是活动处理，但是在三段扫描法中，活动被分为两类：

(1) B类活动。描述确定事件的活动处理,在某一排定时刻必然会被执行,也称确定活处理。B源于英文Bound,表示可以明确预知活动的起始时间,该活动将在界定时间范围内发生。

(2) C类活动。描述条件事件的活动处理,在协同活动开始(满足状态条件)或满足其他特定条件时被执行,也称条件活动处理或合作活动处理。C源于英文Condition,表示该类活动的发生和结束是有条件的,其发生时间是不可预知的。

显然,像事件调度法中的事件处理一样,B类活动处理可以在排定时刻直接执行,只有C类活动处理才需要扫描执行。在这种仿真策略下,仿真过程不断地执行一个三阶段的循环,以实现活动的平行性,同时防止死锁,这种仿真过程的三个阶段描述如下:

A阶段:该阶段找到下一最早发生的事件,并把时钟推进到该事件预计发生时刻;

B阶段:执行所有的预期在此时刻发生的B类活动处理(确定发生的活动);

C阶段:该阶段尝试执行所有的C类活动(这类活动的发生与否取决于资源和实体的状态,而这些状态可能在B阶段已发生改变)。

这三个阶段不断循环直至仿真结束。

第四节 进程交互法

事件调度法和活动扫描法的基本模型单元是事件处理与活动处理,这些处理都是针对事件而建立的;而且在事件调度法和活动扫描法策略中,各个处理都是独立存在的。

进程交互法(Process Interaction)的基本模型单元是进程,进程与处理的概念有着本质的区别,它是针对某类实体的生命周期而建立的,因此一个进程中要处理实体流动中发生的所有事件(包括确定事件和条件事件)。

一、进程交互法的设置

(一) 系统仿真钟

如事件调度法与活动扫描法一样,进程交互法也需要设置一个系统仿真钟TIME,用以标识仿真的进程时刻。

(二) 成分仿真钟

与活动扫描法相同,进程交互法不仅要设置系统仿真钟,同时还设置了成分仿真钟 t_a。t_a 是成分 a 的仿真钟。在仿真的每一时刻,成分仿真钟与系统仿真钟的关系也可以归结为三种:$t_a > TIME$;$t_a < TIME$;$t_a = TIME$。

(三) 条件测试模块

与活动扫描法类似的是,进程交互法也设置了条件测试模块,当系统仿真钟推进到某时刻时,对每一成分事件进行条件判断。如果该事件发生的条件已满足,即 $D_a(S)=$ true,则对该事件进行处理,并记录事件发生的状态变化。如果条件不满足,则不对该事件处理,该事件仍留在当前事件表中,等待下一次仿真钟推进时再进行条件判断。

(四) 将来事件表

将来事件表(Future Events List,FEL)是将来某个时刻发生的事件的事件记录。所谓事件记录是指该事件全部属性的记录。当仿真钟开始推进时,将所有成分的事件记录放到将来事件表中,仿真钟推进过程中逐渐将其中的某些成分事件移到当前事件表中。

(五) 当前事件表

当前事件表(Current Events List,CEL)是当前时间点开始有资格执行的事件的事件记录。当仿真钟推进过程中不断将所有条件满足 $t_a=TIME$ 和 $t_a<TIME$ 的成分事件从将来事件表移到当前事件表中,然后依次处理之。

(六) 进程表

将时间与活动按时间顺序进行组合,一个成分一旦进入进程,在条件允许的情况下,它将完成该进程的全部过程。这种处理方法有别于活动扫描法。活动扫描法是每推进系统仿真钟一步,对所有的活动进行扫描,对每一个条件满足的活动仅进行一次处理。因此,所有进程的推进是步步为营,齐头并进的;而进程交互法的各进程推进则是交替进行的,进程结束的时间参差不齐。这种推进法符合思维逻辑,但是需要特别注意记录每个由于条件暂时不满足而必须暂时推进进程的断点,以便在后续的仿真时刻对其进行处理。当系统复杂、进程较多时,断点的记录十分复杂。

二、进程交互法的步骤

(一) 基本步骤

(1) 初始化。包括时间初始化;事件表初始化:设置初始化事件并置于 FEL 中,将 FEL 中有关事件记录置于 CEL;成分状态初始化;系统仿真钟初始化:令 $TIME=t_0$。

(2) 扫描 CEL,依次测试成分事件是否满足执行条件。如果成分事件满足执行条件,则推进成分仿真钟,直到成分事件执行完毕或无法继续执行;如果成分事件不满足执行条件,则继续测试下一个成分事件。

(3) CEL 扫描完毕之后,扫描 FEL,找到下一个可以最早执行的事件,推进仿真钟。

(4) 将 FEL 中满足条件的事件记录移到 CEL 中。

(二) 基本流程

进程交互法的步骤用程序流程表示为:
(1) 初始化时间、成分状态和事件表;
(2) 设置系统仿真钟 $TIME=t_0$;

```
While(TIME≤T∞)则执行
    While(CEL 中最后一个记录未处理完)则
        While(Dₐ(S) = true 且当前成分未处理完)则
            执行该成分活动
            确定该成分的下一事件
        end while
    end while
    TIME = FEL 中安排的最早时间
        If(TIME≤T∞)则
            将 FEL 中所在 TIME 时刻发生的事件记录移到 CEL 中
        end if
end while
```

进程交互法的程序框架图如图 5-4 所示。

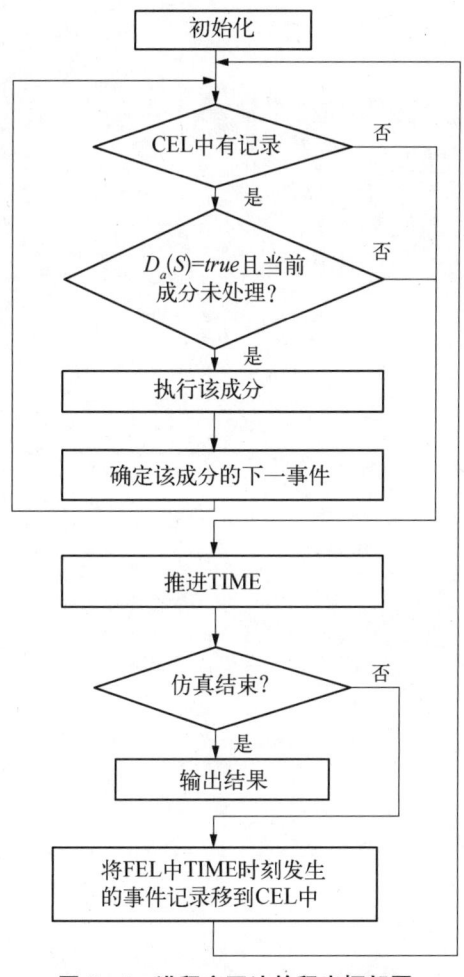

图 5-4　进程交互法的程序框架图

思考题

简述事件调度法、活动扫描法、进程交互法的优缺点。

第六章 仿真输出数据分析及评价

学习目标

1. 掌握终止型仿真的结果分析方法。
2. 掌握稳态仿真的结果分析方法。
3. 掌握正交设计方法。
4. 掌握敏感度分析方法。
5. 理解仿真结果的瞬态和稳态特征。
6. 了解参数优化的主要方法。

第一节 概 述

系统仿真的目的就是分析比较系统的性能。在多数情况下,仿真实验的结果是由计算机计算得出的,而计算机输出的数据往往并不能反映系统的性能,需要经过分析整理并形成仿真报告。所以仿真输出的数据分析与评价是系统仿真中的一个重要环节。

对仿真的输出结果进行统计分析的主要目的是获得系统状态变量的高精度的统计特性,以便能够对仿真结果加以正确的利用。但获取高精度的代价却是计算时间和存储空间的巨大耗费。尤其是对复杂而庞大的系统来说,为进行统计分析而要求的计算能力和存储能力无法被满足,在这种情况下就不得不降低仿真结果的精度,甚至降低精度到无法接受的程度。因此,为了消除这种矛盾,有必要采用方差减小技术,即在相同的仿真运行次数下获得较小方差的仿真输出结果。

在计算机输出仿真结果数据后,采用什么样的方法来分析试验结果才能得出有用的结论呢,如何进行仿真试验才能保证试验结果是合理、可靠的呢?采用正确的试验和分析方法是离散事件系统仿真的关键问题之一。系统仿真的另一个重要应用领域就是对比、评价系统设计方案,比如将改进的系统方案与现实系统进行对比、在多个系统方案之间进行对比。本章介绍系统仿真结果的动态特征、系统仿真的类型、系统仿真的实验方法、系统方案对比等内容。在论述过程中将引用一些随机过程和统计学的数学概念。

事物的变化过程可以分为两大类。在每个固定时刻 t,事物的变化结果是确定的,可以用 t 的某个确定性函数描述,这一类变化过程称为确定性过程(Deterministic Process)。对于另一类事物,在每个固定时刻 t,事物的变化结果是随机的,以某种可能性出现多个(有限或无限多)结果中的一个,可以用与 t 相关的某个随机变量描述,这一类变化过程称为随机过程(Stochastic Process)。

在现实世界中,许多系统的状态变化过程是随机过程。以呼叫中心接通电话的数量变化为例。假定到 t 时刻为止,某呼叫中心所接通的电话次数记为 X_t,则 $\{X_t, t \geqslant 0\}$ 是一个随机过程,到 t_i 时刻为止所接通的电话次数 X_{t_i} 是随机变量。实际系统的变化都可以被看作一个概率过程,确定性过程只不过是事件发生的概率接近 1。比如,地铁列车的到站情况,间隔 1.5 分钟的概率很大,可以视为确定过程。而对于公共汽车,其到站间隔时间应该用均值为 1.5 分钟的指数分布,到 t 时刻为止的公交车进站数是泊松分布。

大多数情况,实际系统包含了一些随机特征。在建立仿真模型时,会使用随机数和随机变量来表示这些随机特征,如用泊松分布表示在固定间隔时间内到达的顾客,用指数分布表示设备的寿命等。因此,运行仿真模型所得到的结果具有随机性,不能把从单次仿真运行中获得的系统参数值作为该参数的"真值",而应该把单次仿真运行的结果作为一个样本数据,需要用若干次重复仿真运行所得到的仿真结果来估计系统参数的"真值"。假定变量 y 是系统的某个指标参数,从单次仿真运行得到参数 Y 随仿真时间变化的序列 $Y_1, Y_2, \cdots, Y_n$,就是随机过程。

以加工系统为例,某加工系统在第 i 小时内的产量 y_i,是随机变量,一般来说,由系统仿真得到的随机变量 Y_i,既不是独立的也不是同分布的。到 t 时间为止,加工系统的总产量就是一个随机过程。

设 $y_{11}, y_{12}, \cdots, y_{1m}$。是随机变量 $Y_1, Y_2, \cdots, Y_m$ 单次仿真运行的结果,观测长度为 m,进行仿真的时候所用的随机数为 $u_{11}, \cdots, u_{1m}, u_{21}, \cdots, u_{2m}, u_{n1}, \cdots, u_{nm}$(在第 j 次仿真运行时用的第 i 个随机数记为 u_{ji})。假定进行了 n 次独立的重复运行,即每次仿真运行的随机数不同、初始条件相同,每次仿真运行开始时计数器重置,得到以下结果:

$$\begin{matrix} y_{11} & \cdots & y_{1i} & \cdots & y_{1m} \\ y_{21} & \cdots & y_{2i} & \cdots & y_{2m} \\ \vdots & & y_{3i} & & \vdots \\ y_{n1} & & y_{ni} & \cdots & y_{nm} \end{matrix}$$

在同一行上的数值来自一次重复运行,不是独立同分布(IID)。在同一列上的数值 $y_{11}, y_{12}, \cdots, y_{n1}$,是变量 Y_1 的观测值满足独立同分布。系统仿真结果分析就是用多次独立仿真运行的观测值 $y_{ji}(i=1,2,\cdots,m; j=1,2,\cdots,n)$,估计随机变量 $Y_1, Y_2, \cdots, Y_m$ 的参数。

例 6.1 某银行有 5 位出纳员,到达银行的顾客排成一个队列,每位出纳员一次为一位顾客服务。银行上午 9 点开门,下午 5 点关门,但继续为在下午 5 点时已经在银行内的顾客服务完毕。要求确定顾客在银行办理业务需要等待的时间。

由于顾客到达银行的间隔时间是一个随机变量,出纳员为顾客提供服务的时间也不是确定值,因此不能仅进行一次仿真运行就凭仿真结果给出答案。银行仿真模型的10次独立重复运行结果如表6-1所示。在10次仿真运行的结果中,最长的平均排队等待时间为286分钟,最短的平均排队等待时间为1.24分钟,可以用输入数据建模部分介绍的方法来分析平均排队等待时间服从哪种分布并给出参数估计。

表6-1 银行模型的仿真结果

序 号	顾客数目	服务结束时间	平均排队时间	平均队长	停留时间少于5分钟的顾客比例
1	484	8.12	1.53	1.52	0.917
2	475	8.14	1.66	1.62	0.916
3	484	8.19	1.24	1.23	0.952
4	483	8.03	2.34	2.34	0.822
5	455	8.03	2.00	1.89	0.840
6	461	8.32	1.69	1.56	0.866
7	451	8.09	2.69	2.50	0.783
8	486	8.19	2.86	2.83	0.782
9	502	8.15	1.70	1.74	0.873
10	475	8.24	2.60	2.50	0.779

第二节 系统仿真的类型

通常情况下,根据研究目的和系统特征不同,可以把系统仿真分为两种不同类型:终态型仿真(Terminating Simulation)和非终态型仿真(Nonterminating Simulation)。在非终态型仿真中,考虑稳态仿真(Steady-state Simulation)和稳态周期仿真(Steady-state Cycle Simulation)两种情况。在很多情况下,系统仿真的类型更多地取决于研究目的。

一、终态型仿真

终态型仿真是由一个"固有事件"E来确定仿真运行时间长短的一类仿真。固有事件E发生的时刻记为T_E。被仿真的系统满足一定的初始条件,在零时刻开始运行,在T_E时刻结束运行。终态型仿真具有以下特点:

(1) 在零时刻的系统初始条件相同;
(2) 必须定义结束事件或结束时刻;
(3) 在T_E时刻系统被"清零"或在该时刻以后的数据均没有意义。

例6.2 某发动机制造商接到了生产100台飞机发动机的订单,要求在18个月内交货。公司用仿真方法来确定满足交货期要求的、成本最小的生产方案。

例 6.3 某公司只销售一种产品,要确定在 120 个月内需要维持多少库存。给定初始库存水平,系统仿真的目标为:确定每个月的采购量,使得平均每个月的库存维护成本最低。

例 6.4 某公司每天运行 16 小时(分 2 个班次),当天未完成的工作留在第二天继续进行。用仿真方法确定每个班次的平均产量。

例 6.2、例 6.3 两个实例中,都可以找到明显的结束仿真运行的事件。例 6.2 的结束事件应该定义为 $E=\{100$ 台飞机发动机制造完毕$\}$,而不是仿真结束时刻为仿真运行时间正好够 18 个月。由于生产方案不同,实际的仿真运行时间不一定正好是 18 个月。例 6.3 的仿真结束时刻就是仿真运行时间正好够 120 个月。在结束事件发生以后,系统的变化状态就不是我们所关心的内容,所以可以停止仿真运行。

不是所有的仿真分析都可以找到一个明确的结束事件或结束时刻。例 6.4 中,如果把仿真结束时刻设为仿真运行时间刚好够 16 小时,那么每次仿真运行在零时刻的初始条件并不相同,不满足终态型仿真的条件。由于前一工作日的结束状态被用作后一工作日的初始条件,生产过程本质上是一个连续过程。需要仿真运行足够长的时间才能给出问题的答案。

二、非终态型仿真

非终态型仿真是没有可以确定运行时间长短的固有事件的一类仿真。仿真对象是连续运行的系统或至少在很长时间内运行的系统。例 6.4 就是这样的一个系统,所以需要进行非终态型仿真。在设计新的系统或更新现有系统时,经常需要知道新设计的系统在运行很长一段时间后,系统"正常"运行的情况。这时就需要非终态型仿真。如果作为输出结果的随机变量 Y 具有稳态分布,我们要知道的就是该稳态分布的特征,并不关心系统如何从初始状态过渡到稳定状态。

例 6.5 某公司准备建设一套新的生产系统,需要确定这套新系统运行很长时间后平均每小时的产量。假设:① 系统每周运行 5 天,每天 16 小时;② 忽略在每个班次开始和结束时所损失的生产能力,即忽略上班时的准备时间和下班时的整理时间;③ 在一个工作日中生产连续进行。当系统运行很长时间后,已经排除了系统故障,工人也能熟练操作。

设 N_i 为在第 i 个小时内制造的零件数目。如果随机过程 $N_1, N_2, \cdots$ 具有稳态分布,该稳态分布所对应的随机变量为 N。那么,我们需要知道的是,一小时内制造零件数目的期望值 $v=E(N)$。该公司需要知道生产系统经过多长时间才能够达到正常运行状态,为此需要进行稳态仿真。

稳态仿真是研究非终止型系统稳态行为的仿真,这些系统行为不受零时刻的初始条件影响。想要使系统的行为不受初始条件影响,需要满足以下条件:

(1) 足够长的仿真时间;
(2) 如果必要,需要规定仿真的预热(Warm Up)时间。

并不是所有非终态型仿真都趋向于存在稳态分布,有时系统状态会出现某种周期性的变动。考虑某航空公司呼叫中心的运作情况,该呼叫中心打入电话的频率在一天中随时间变化,在一周内每天的电话呼叫模式各不相同,但是每周内的电话呼叫模式相同。设 D_i 为第 i 个打入电话的等待时间,则随机过程 $D_1,D_2,\cdots$ 不具备稳态分布。设 D_{ic} 为第 i 周内打入电话的平均等待时间,则随机过程 $D_1,D_2,\cdots$ 具有稳态分布。

把系统运行时间划分成等长度的连续时间间隔,称为周期。定义 Y_{ic} 为在第 i 个周期内的随机变量,随机过程 $Y_{1c},Y_{2c},\cdots$ 具有稳态分布 F_c,对这类过程的仿真被称为稳态周期仿真。本章中讨论的实验方法主要针对终态型仿真和稳态仿真两种情况。

第三节 仿真结果的瞬态与稳态特征

对于仿真输出结果所构成的随机过程 $Y_1,Y_2,\cdots,Y_n$,设条件概率:
$$F_i(y\mid I)=P(Y_i<y\mid I),i=1,2,\cdots,n$$

$F_i(y\mid I)$ 是具有初始条件 I,在 i 时刻的瞬时分布。不同时刻的随机变量 Y_1,Y_2,Y_3,Y_4 的瞬时分布的概率密度函数如图 6-1 所示。

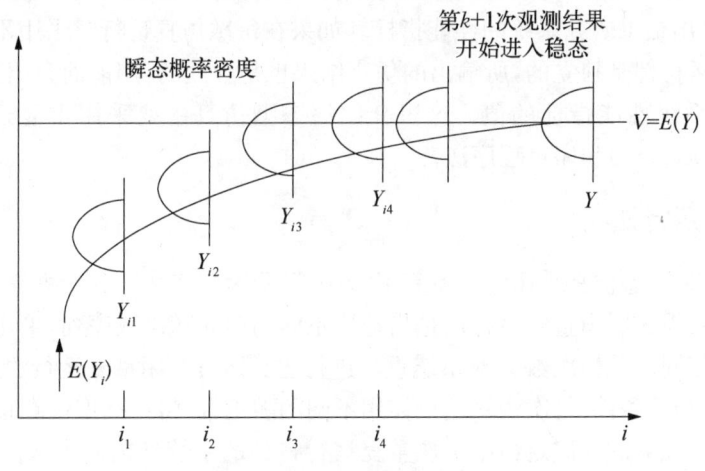

图 6-1 随机变量的瞬态分布

一般地,不同时刻的随机变量服从不同的瞬时分布。对于所有的 y 和任意的 I,如果当 $i\to\infty$,存在 $F_i(y\mid I)\to F(y)$,则称 $F(y)$ 为随机过程 $Y_1,Y_2,\cdots$ 稳态分布。

系统存在稳态并不表示在某次仿真运行中系统进入稳态后,不同时刻的随机变量取相同的数值,而是进入稳态后不同时刻的随机变量服从相同的分布。这些随机变量也可能是不独立的。稳态分布 $F(y)$ 不依赖于初始条件 I,但是瞬时分布 $F_i(y\mid I)$ 收敛于稳态分布的速率会依赖于初始条件 I。

例 6.6 单通道的排队系统。

设 D_i 为第 i 个顾客的排队等待时间。初始队列长度 s 对顾客排队等待时间的影响如图 6-2 所示。

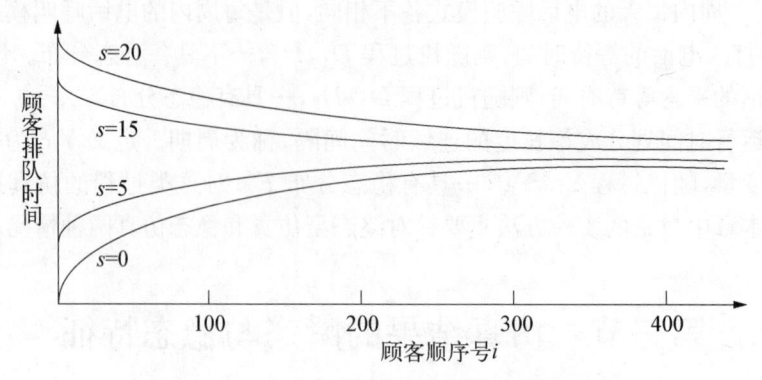

图 6-2 初始队列长度对排队等待时间的影响

第四节 终态型仿真的结果分析

终态型仿真有明确的终止事件,保证每次仿真运行的初始条件相同,重复运行仿真模型 n 次,根据输出结果研究系统的性能指标。如果在每次仿真运行时采用不同的随机数,那么每次仿真运行都是独立的,所输出的仿真结果也是独立的,用前面介绍过的统计分析方法可以给出系统性能指标的值。这里介绍终态型仿真主要采用重复运行法(Fixed-sample-size Procedure)和序贯程序法。

一、重复运行法

一般情况下,终态仿真采用的是重复运行法,又称为复演法。利用重复运行法可以得到独立的仿真结果。所谓重复运行法是指选用不同的独立随机数序列,采用相同的参数、初始条件以及相同的采样次数 n 对系统重复进行仿真运行。用重复运行法进行仿真试验时,采用相同的初始条件,每次仿真运行使用不同的随机数,将终态型仿真重复执行 n 次,每次重复运行是独立的。假定由第 j 次重复运行得到的系统参数值为 X_j,那么 X_j 为独立同分布的随机变量,可以用前面介绍的统计方法求出系统参数的均值和置信区间。不考虑系统模型本身的因素,独立运行的次数 n 越大,统计结果的方差越小,结果越可靠。但是,有时候由于没有足够多的输入数据来支持多次的独立重复运行,或由于仿真运行的时间过长,不能执行足够多的仿真次数,建议取 $n=5$。

对于某一个终态仿真系统,由于每次运行是相互独立的,因此可以认为每次仿真运行结果 $X_i(i=1,2,\cdots,n)$ 是独立同分布的随机数,从而可以直接采用经典的统计分析方法进行仿真结果的分析。由于每次仿真运行的初始条件和参数是相同的,每次仿真运行的结果也必然是相近的,相互之间的偏差不会太大,因此,很自然地可以假设仿真结果 X_1, $X_2,\cdots,X_n$ 是服从正态分布的随机数。设随机变量 X 的期望值的置信区间为 $1-\alpha$,它的估计值 μ 为:

$$\mu = \frac{1}{n}\sum_{j=i}^{n}X_j \pm t_{n-1,\frac{\alpha}{2}}\sqrt{\frac{S^2(n)}{n}} \tag{6-1}$$

其中：

$$S^2(n) = \sum_{j=1}^{n} \frac{[\overline{X}(n) - X_j]^2}{n-1}$$

$$\overline{X} = \frac{1}{n} \sum_{j=1}^{n} X_j$$

其中，α 为置信水平。

例 6.7 对于例 6.1 中的银行，请问在一天当中顾客的平均排队时间是多少？

由观测结果计算样本均值和方差：

$\overline{X}(10) = 20.3, S^2(10) = 0.31$

构造 90% 置信度的置信区间：

$$\overline{X}(10) \pm t_{9,0.95} \sqrt{\frac{S^2(10)}{10}} = 2.03 \pm 0.32$$

即一天当中顾客的平均排队时间在 1.71~2.35 分钟的可能性为 90%。

重复运行法存在一个缺点，即分析人员不能预先控制置信区间的半长。对于固定的重复运行次数 n，置信区间的半长取决于观测值的方差，事先不容易判断运行次数取多少才合适，如果觉得例 6.7 给出的置信区间过大，就需要再补充运行仿真模型若干次。

例 6.8 已经知道单服务台、单队列排队系统的服务时间为均值 1.0 分钟的指数分布，每次到达 1 名顾客，顾客到达的间隔时间为均值 1.5 分钟的指数分布，系统服务时间为 8 小时。用仿真方法来预测顾客的平均排队等待时间，给出显著水平 $\alpha = 0.05$ 的置信区间。

用重复运行法进行仿真运行，仿真运行的次数分别为 5、10、20，在表 6-2 中给出了输出分析结果。通过多次执行独立仿真运行，才能得到准确程度较高的结果。如果仿真模型比较复杂，单次仿真运行的时间很长，就需要花费比较长的时间。

表 6-2 重复运行法分析单服务台、单队列排队系统

序 号	运行次数 n	平均排队等待时间	置信区间
1	5	2.515	2.515±1.29
2	10	2.284	2.284±0.60
3	20	1.911	1.911±0.34

二、序贯程序法

在终态仿真结果分析的重复运行法中，通过规定次数的仿真可以得到随机变量取值的置信区间，置信区间的长度与仿真次数的平方根呈反比。显然，若要缩小置信区间的长度就必然要增加运行次数。这样就产生了另一个问题，即在一定精度要求下，规定仿真结果的置信区间，无法确定能够达到精度要求的仿真次数。这样就可以对置信区间的长度

进行控制，避免得出不适用的结论。

定义均值的绝对误差为 $|\overline{X}-\mu|=\beta$，序贯程序法(Sequential Procedure)的基本思路是选择合适的重复运行次数，在 $1-\alpha$ 的置信水平下，使得置信区间的半长小于绝对误差，即：

$$1-\alpha = P(|\overline{X}-\mu| \leqslant half-length) \leqslant P(|\overline{X}-\mu| \leqslant \beta) \quad (6-2)$$

用序贯程序法进行仿真试验的步骤如下：

(1) 预定重复运行的次数 $n \geqslant 3$，建议 $n=5$。

(2) 由 n 次运行的观测值 $X_1, X_2, \cdots, X_n$，计算相应的均值及方差。

(3) 计算置信区间半长 $\beta_n = t_{n-1,1-\alpha/2}\sqrt{S^2(n)/n}$。

(4) 若 $\beta_n \leqslant \beta$，则置信区间满足预定的绝对误差，在置信水平 $1-\alpha$ 下的置信区间为 $[\overline{X}(n)-\beta_n, \overline{X}(n)+\beta_n]$，结束仿真。

(5) 若 $\beta_n \geqslant \beta$，假定 $S^2(n)$ 不随仿真运行次数的增加而变化，按照式(6-3)估算达到绝对误差要求所需的仿真运行次数：

$$n_r(\beta) = \min\{i > n; t_{i-1,1-\alpha/2}\sqrt{S^2(n)/i} \leqslant \beta\} \quad (6-3)$$

将仿真模型重复运行 $n_r(\beta)-n$ 次。

(6) 回到第(3)步重新计算置信区间半长，直到满足绝对误差要求为止。

例 6.9 对于例 6.8 中的排队系统，要求统计出的顾客平均等待时间的绝对误差小于 0.60 分钟，用序贯程序法进行仿真。

先执行 5 次仿真运行，得到样本的方差为 $S^2(5)=1.0758$，置信区间的半长为 1.29，不满足绝对误差要求。估算达到绝对误差要求所需的仿真运行次数：

$$n_r(0.6) = \min\{i > 5; t_{i-1,1-0.975}\sqrt{1.0758/i} \leqslant 0.6\}$$

通过试算得到 $n_r(0.6)=14$。

在应用序贯程序法时，也可以设置相对误差 $r = \dfrac{|\overline{X}(n)-\mu|}{\mu}$ 作为仿真运行的控制条件。

如何从相对误差来估算仿真运行次数，可以参考式(6-2)、式(6-3)得出结论。对于终态型仿真问题，如何确定仿真运行次数，选用哪种仿真方法呢？如果系统仿真的主要目的是了解系统运行特征，对置信区间的精度没有特别要求，采用重复运行法。

不论系统有多么复杂、系统仿真的开销有多大，建议至少进行 3~5 次仿真运行，否则无法了解由于随机因素所带来的仿真结果的分散程度。在了解系统运行特征的基础上，给出绝对或相对误差限制。再用式(6-3)来估算所需要的仿真运行次数。

第五节 稳态仿真的结果分析

在仿真研究中，除了终态仿真研究之外，还要研究一次运行时间很长的仿真，研究系统的稳态性能。在仿真运行过程中,每隔一段时间即可获得一个观测值 Y_i,从而可以得到一组自相关时间序列的采样值 $Y_1,Y_2,\cdots,Y_n$,其稳态平均值定义为:

$$v = \lim_{n \to \infty} \frac{1}{n} \sum_{i=1}^{n} Y_i$$

如果 v 的极值存在,则 v 与仿真的初始条件无关。

稳态仿真结果分析的主要目的仍然是对系统状态变量的估计以及使估计值达到给定精度要求时停止。稳态仿真主要采用重复运行—删除法、批均值法、稳态序贯法和再生法。

一、重复运行—删除法

对于稳态仿真来说,只要运行时间足够长,初始条件对仿真结果的影响可以被忽略。但在仿真运行的初期,初始条件对仿真结果的影响十分显著。然而对系统作无限长时间的仿真运行是不现实的,仍然需要规定终止仿真运行的条件。由于初始条件的影响,系统的性能往往会经过一段时间的波动(瞬态过程)以后,才逐渐趋于平稳(稳态过程)。这里的稳态并不是指性能测度不变,而是该性能参数的概率分布到达平衡状态。

重复运行—删除法将每次仿真运行分成两个时段:预热阶段 $(0,T_0)$ 和数据收集时段 (T_0,T_E),在 T_E 时终止仿真运行,要求 $t=T_0$ 时系统的状态具有一定的稳态代表性。在此基础上多次独立重复运行,即可对输出结果进行统计分析,如图 6-3 所示,图中 s 为初始队列长度。重复运行—删除法(Replication-Deletion Approach)就是在采样时删除那些处于"预热时段"的数据,只统计处于数据收集阶段的数据。

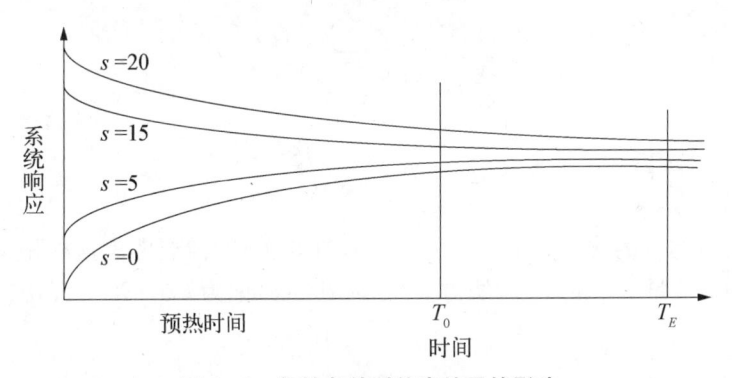

图 6-3 初始条件对仿真结果的影响

观测某个变量的变化曲线是常用的确定预热时段长短的方法。当曲线波动过大时,可以主要采用移动平滑措施来确定预热时段的长度。

采用重复运行—删除法获得输出参数的点估计和置信区间的方法与重复运行法相似。假设仿真运行的总长度为 m,预热时段长度为 l,独立仿真运行的次数为 n。则系统输出变量的点估计为:

$$X_i = \frac{\sum_{i=l+1}^{m} Y_{ji}}{m-1}, \quad \overline{X}(n) = \frac{\sum_{j=1}^{n} X_j}{n}$$

构造置信水平 $1-\alpha$ 的置信区间：

$$\overline{X}(n) \pm t_{n-1,1-\alpha/2}\sqrt{S^2(n)/n}$$

重复运行—删除法与重复运行法的区别在于，预热时段内的观测值被剔除，不用来做统计。减少初始条件所引起偏差的方法是，增加预热时段长度和每次仿真运行的长度。

使用重复运行—删除法有几个潜在的困难：第一，难于正确选择要去除的观察值数目；第二，使用数据的效率低；第三，仿真过程必须人为干涉中断仿真运行来收集数据，而且每次运行结束时重新初始化系统。如果系统能够较快进入稳态并运行长度有限，用重复运行—删除法较为适宜。

二、批均值法

批均值法的基本思想是：设仿真运行时间足够长，将整个仿真运行长 m（足够大）分成 n 个批次（批次长度为 k），求出每一个批次的样本均值，得到 n 个批均值：

$$\overline{X}_i(k) = \frac{\sum_{j=(i-1),k+1}^{i=k} x_j}{k}$$

当批次长度（Batch Size）k 足够大时，批均值可以近似认为不具备相关性；同时可以近似认为是正态分布。批均值可以被近似看成独立同分布的随机变量；采用与重复运行—删除法相同的方法分析仿真结果。系统输出参数的点估计为：

$$\overline{X}(n,l) = \frac{\sum_{i=1}^{n} X_i(l)}{n}$$

$$\overline{X}(n,l) \pm t_{n-1,1-\frac{\alpha}{2}}\sqrt{\frac{S^2(n,l)}{n}} \tag{6-4}$$

同一次仿真运行的输出数据之间一般会存在相关性，需要考虑这种相关性对统计结果的影响。随机变量 X_i 和 X_j 的协方差（Covariance）记为 $\text{Cov}(X_i,X_j)$ 或 C_{ij}。其计算公式为：

$$C_{ij} = E[(X_i-\mu_i)(X_i-\mu_i)] = E(X_iX_j) - E(X_i)E(X_j) \tag{6-5}$$

令 $\gamma_0 = \text{Cov}(X_i,X_j)$，$\gamma_k = \text{Cov}(X_i,X_{i+k})$，定义 $\rho_k = \gamma_k/\gamma_0$ 滞后 k 的自相关系数，可以证明 $-1 \leqslant \rho_k \leqslant 1(k=1,2,\cdots)$。

当对于全部的 k 或大多数 k，自相关系数大于零，则称该序列是正自相关；当对于全部的 k 或大多数 k，自相关系数小于零，则称该序列是负自相关。当随机变量序列存在相关性时，样本方差的期望值与随机变量方差的真值之间有偏差，其值为：

$$E[S^2(n)] = B\sigma^2(n) \tag{6-6}$$

其中，B 为偏移系数，$B = \frac{(n/c)-1}{n-1}$，$c = 1 + 2\sum_{i=1}^{n}(1-i/n)\rho_i$。

序列正自相关时,置信区间偏小,如果忽略相关性,置信区间的精度将比预计的偏低。序列负自相关时,置信区间偏大。

用 400 次数字试验分析了单服务台排队系统的置信区间的实际覆盖率,结果如表 6-3 所示。用 200 次数字试验分析了分时计算机模型的置信区间的实际覆盖率,结果如表 6-4 所示。

表 6-3 用批均值法分析排队系统的覆盖率

仿真运行长度 m	批次数目 n		
	5	10	20
320	0.690	0.598	0.490
640	0.732	0.708	0.588
1 280	0.780	0.740	0.705
2 560	0.798	0.803	0.753

表 6-4 用批均值法分析计算机模型的覆盖率

仿真运行长度 m	批次数目 n		
	5	10	20
320	0.860	0.780	0.670
640	0.890	0.855	0.790
1 280	0.910	0.885	0.880
2 560	0.905	0.875	0.895

从表 6-3、表 6-4 的计算结果可以得出如下结论:

(1) 如果批均值法的运行长度 m 选择得太小,那么置信区间的覆盖率(Coverage)比预期的要低。

(2) 选择多大的运行长度 m 为合适,与具体的仿真模型相关。在分析分时计算机模型时,m 取 640 就能得到很好的结果;对于排队系统来说,m 取 2 560 也不能获得很好的结果。

(3) 对于固定的 m,批均值法选择比较小的批次数目能够得到较好的覆盖率。每个批次的长度 k 比较大时,批均值更接近正态分布而且独立性更好,因此可以得到较好的结果。

重复运行—删除法和批均值法尽管在原理上和方法上是相同的,但是它们对同样本空间做了不同的处理。前者是每次运行都从初始状态开始,后者是每次运行的结束状态作为下一次运行的开始状态。重复运行—删除法每次仿真运行都经过初始状态,初始状态的影响会导致较大的均值估计偏差,但是每次仿真运行之间独立性较好。批均值法有利于消除初始状态的影响,但需要注意消除各批观测值之间的相关性。

三、稳态序贯法

设某次稳态运行得到的观测值是 $Y_1, Y_2, \cdots, Y_m$,其批长度为 l,共 n 批,每批观测值的均值为 $\overline{Y}_k(k=1,2,\cdots,n)$,总体样本均值是 $\overline{Y}$。

在利用批均值法进行计算时,假定每批观测值的均值是独立的,但实际上 $\overline{Y}_1, \overline{Y}_2, \cdots, \overline{Y}_n$ 是相关的。为了得到不相关的 $\overline{Y}_k$,直观的做法是:保持批数 n 不变,不断增大 l,直到满足不相关的条件为止。但是,如果 n 选择过小,则 $\overline{Y}_k$ 的方差加大,结果得到的置信区间就会偏大,为此 n 也必须足够大。这样为了达到精度要求就必须选择足够大的 n 和 l,使得样本总量 $m=n \times l$ 特别大,而仿真过程中消耗的时间也是必须考虑的重要因素。这里介绍一种尽可能减少 m 的方法。

设仿真运行观测值的批长度是 l,已经有观测值一批,考察相隔为 i 的两批观测值批均值的相关系数为:

$$\rho_j(l) = \text{Cov}[\overline{Y}_k, \overline{Y}_{k+j}], k=1,2,\cdots,n-1$$

$\rho_j(l)$ 随 l 的变化规律大致有以下 3 种情况:

(1) $\rho_j(l)$ 为单调递减函数;
(2) $\rho_j(l)$ 的值一次或多次改变方向,然后严格递减到 0;
(3) $\rho_j(l) < 0$ 或者随着 l 的变化没有一定的规律。

设仿真运行观测值的批长度是 l,已经有观测值 n 批,考察相隔为 j 的两批观测值批均值的相关系数为:

$$\rho_j(n,l) = \text{Cov}[\overline{Y}_k, \overline{Y}_{k+j}], k=1,2,\cdots,n$$

也满足以上三种性质。基于批均值法的稳态序贯法原理如下:

(1) 给定批数因子 n 以及仿真长度 $m_i(m_i$ 是 n 的整数倍),$\rho_j(n,l)$ 的判断值为 u,置信区间的相对精度 γ,置信水平 α。令 $i=1$。

(2) 进行长度为 m_i 的仿真运行,获得 m_i 个观测值 $Y_1, Y_2, \cdots, Y_{m_i}$。

(3) 令 $l=m_i/n$,计算 $\overline{Y}_k(k=1,2,\cdots,n)$ 和 $\rho_j(n,l)$(可以取 $j=1$)。

(4) 如果 $\rho_j(n,l) \geq u$,则说明 m_i 太小,需加大,可以令 $i=i+1$,且 $m_i=2m_{i-1}$,返回第(2)步获取其余 m_{i-1} 个观测值。

(5) 如果 $\rho_j(n,l) \leq 0$,则表明增长仿真运行长度无助于 $\rho_j(n,l)$ 的判断。执行第(8)步。

(6) 如果 $0 < \rho_j(n,1) < u$,计算 $Y_k(2l)(k=1,2,\cdots,n/2)$、$\rho_j(n/2,2l)(j=1)$,判断相关系数是否具有第 2 类特征;如果 $\rho_j(n/2,2l) \geq \rho_j(n,l)$,则说明该相关系数确实具有第 2 类特征,需要进一步加大 m_i,令 $i=i+1$,且 $m_i=2m_{i-1}$,返回第(2)步获取其余 m_{i-1} 个观测值。

(7) 如果 $\rho_j(n/2,2l) < \rho_j(n,l)$,则说明 $\rho_j(n,l)$ 已经具有第 1 类特征,而且达到 $\rho_j(n,l)$ 判断值 n 的 l 已经得到,可以相信 $\rho_j(n,l)$ 的值满足独立性要求,此时用批均值法计算该 n 批长度为 l 的置信区间。

(8) 计算 $\overline{Y}_k$、$\overline{Y}$ 以及置信区间的半长 $\delta = t_{n-1,1-\alpha/2}\sqrt{\dfrac{S^2}{n}}$，最后得 $\hat{\gamma} = \dfrac{\delta}{\overline{Y}}$。

(9) 如果 $\hat{\gamma} > \gamma$，说明精度不满足要求，令 $i = i+1$，且 $m_i = 2m_{i-1}$。返回第(2)步获取其余 m_{i-1} 个观测值。

(10) 如果 $\hat{\gamma} \leqslant \gamma$，则精度满足要求，可以令估计值 $v = \overline{Y} + \delta$，仿真停止。

稳态序贯法较好地解决了批长度的确定以及仿真运行总长度的确定问题，并能满足规定的置信区间精度的要求。

四、再生法

在仿真过程中，随着仿真时钟的推进，系统的状态变量在不断地发生变化。如果在某一时刻观测到了系统一组状态变量的数值，而在其后的若干时间之后又重新观测到系统的完全相同的一组状态变量的数值，则称所观测到的系统为再生系统。也就是说，在稳态仿真中，系统从某一初始状态开始运行，若干时间后重新达到该状态。这就可以认为系统重新达到该状态后的过程相对于以前的过程是独立的，这就相当于系统在此时重新运行。显然在若干时间后这种情况将重新发生，因此这个重复的过程称为系统的再生周期，而系统初始状态重复出现的时刻点称为系统的再生点。再生法的思想就是要找出稳态仿真过程中系统的再生点，由每个再生点开始的再生周期中所获得的统计样本都是独立同分布的，可以采用经典统计分析方法对参数进行评估并构造参数值的置信区间。

下面以 (M/M/1) 系统为例介绍再生法，要求估计系统的稳态平均排队等待时间及稳态平均队长。

(1) 系统的初始状态为服务台空闲，队长为 0。

(2) 当第一个实体到达时，服务台由闲变忙。

(3) 当其他实体到达时，如果服务台状态为忙，则该实体进入队列排队等候。

(4) 当服务台服务完毕，被服务实体离开之后，如果队列长度不为 0，则队列中的实体以先到先服务的规则进入服务台接受服务，服务台的状态保持为忙。

(5) 若被服务实体离开后，队列长度为 0，即没有实体等待服务，此时服务台的状态重新回到空闲状态。

通常服务台的强度小于 1，总会有对实体服务完毕后没有实体等待服务的状况出现。服务台的空闲状态一直保持到下一个实体到达为止，此时服务台再次转变为忙状态，而这个时刻点就是系统的一个再生点.这个过程就是一个再生周期。在此再生周期中，受到服务的实体数是随机变化的，实体接受服务的时间也是随机变化的，因此等待时间和队列长度也是随机变化的。

假设在 (M/M/1) 系统的观测中有 p 个完整的再生周期，令 Y_j 为第 j 个再生周期中各个实体等待时间的总和：

$$Y_j = \sum_{k=1}^{n_j} \widetilde{w}_{kj}$$

n_{ij} 为第 j 个再生周期中受到服务的实体个数。$\{Y_j\}$ 和 $\{n_j\}$ 都是独立同分布的随机序列,然而 Y_j 和 n_j 并不是相互独立,因为较大的 Y_j 值可望有较大的 n_j 伴随产生。

假设总观测次数为 N,各个实体的等待时间分别为 $\tilde{\omega}_1, \tilde{\omega}_2, \cdots, \tilde{\omega}_N$。则实体的平均等待时间的估计值由式(6-7)给出:

$$W = \frac{1}{N} \sum_{i=1}^{N} \tilde{\omega}_i \qquad (6-7)$$

如果将各个实体等待时间根据再生周期进行分组,则式(6-7)又可以写为:

$$\overline{W} = \frac{Y_1 + Y_2 + \cdots + Y_N}{n + n + \cdots + n_N} = \frac{\overline{Y}}{\overline{n}} \qquad (6-8)$$

其中:

$$\overline{Y} = \frac{1}{N} \sum_{j=1}^{N} Y_i$$

$$\overline{n} = \frac{1}{N} \sum_{j=1}^{N} n_i$$

$\overline{Y}$ 是一个再生周期中实体等待时间总和的估计值,$\overline{n}$ 是一个再生周期中受到服务的实体个数的估计值。当 p 足够大时,$\overline{W}$ 是渐进无偏的,即:

$$\lim_{p \to \infty} E(\overline{W}) = E(W)$$

而实际上,$\overline{W}$ 对 W 的估计值是有偏的,因而需要估计统计值 $\overline{W}$ 的方差,以确定平均等待时间的置信区间,由于 Y_j 和 n_j 皆为随机变量,为了避免直接处理随机变量之比,引入变量 V_j:

$$V_j = Y_j - E(W) n_j$$

这是一个独立同分布的随机变量序列,同时可以得到:

$$E(V_j) = E(V_j) - E(W) E(n_j) = 0$$

设 σ^2 为随机变量 V_j 的方差,根据中心极限定理,$p \to \infty$ 时,下列随机变量:

$$Z = \frac{\overline{V}}{\sigma / \sqrt{p}}$$

为收敛于标准正态分布的随机变量。式中:

$$\overline{V} = \frac{1}{p} \sum_{j=1}^{p} V_j = \frac{1}{p} \sum_{j=1}^{p} V_j - E(W) \frac{1}{p} \sum_{j=1}^{p} n_j = \overline{Y} - E(W) \overline{n} \qquad (6-9)$$

从而有:

$$P \left\{ -Z_{1-\alpha/2} \leqslant \frac{\overline{V}}{\frac{\alpha}{\sqrt{p}}} \leqslant Z_{1-\alpha/2} \right\} = 1 - \alpha \qquad (6-10)$$

式中,$Z_{1-\frac{\alpha}{2}}$ 对应的显著性水平为标准正态分布的临界线。

将式(6-9)代入(6-10)可以得到:

$$P\left(-\frac{\sigma Z_{1-\alpha/2}}{\sqrt{p}} \leqslant \overline{Y} - E(W)\overline{n} \leqslant \frac{\sigma Z_{1-\alpha/2}}{\sqrt{\rho}}\right) = 1 - \alpha$$

即:

$$P\left(W - \frac{\sigma Z_{1-\alpha/2}}{\overline{n}\sqrt{p}} \leqslant E(W)\overline{n} \leqslant W + \frac{\sigma Z_{1-\alpha/2}}{\overline{n}\sqrt{p}}\right) = 1 - \alpha$$

从而得到平均等待时间的近似 $100(1-\alpha)\%$ 置信区间 $\overline{W} \pm \frac{\sigma Z_{1-\alpha/2}}{\overline{n}\sqrt{p}}$。

再生法的缺点在于系统再生点的数量要求足够多,而且每个再生周期都是独立的。而实际系统的仿真运行中可能不存在再生点或者再生周期过长,这样就要求仿真运行的总长度要足够大。另外,这种方法难以预先确定置信区间的精度,因而无法得到规定精度要求的置信区间。

第六节 随机变量的比较

在对比不同的系统方案时,经常需要对比系统性能参数,如采用两种排队规则时的排列长度、采用两种订货策略时的平均库存水平。假定 $Y_i(i=1,2)$ 是从两个不同系统方案得到的性能参数,这里简单介绍比较两个随机变量的方法。首先确定每个系统方案的运行长度和重复运行的次数。由仿真运行得到两个参数的输出结果,$Y_{r1}(r=1,2,\cdots,R_1)$ 和 $Y_{r2}(r=1,2,\cdots,R_2)$,其中 R_1 为第1个系统方案的仿真运行次数,R_2 为第2个系统方案的仿真运行次数。

计算出两个系统性能参数的点估计,$\overline{Y}_i = \frac{\sum_{r=1}^{R_i} Y_{ri}}{R}$。

系统性能参数之差的一个点估计为:

$$\hat{Y}_1 - \hat{Y}_2 = \overline{Y}_1 - \overline{Y}_2 \tag{6-11}$$

随机变量之差 $\overline{Y}_1 - \overline{Y}_2$ 的 $100(1-\alpha)$ 置信区间为:

$$(\overline{Y}_1 - \overline{Y}_2) \pm t_{f,1-\alpha/2} s.e(\overline{Y}_1 - \overline{Y}_2) \tag{6-12}$$

式中 $s.e()$——点估计的标准差。

如果 $Y_{r1}(r=1,2,\cdots,R_1),Y_{r2}(r=1,2,\cdots,R_2)$ 为独立采样的结果,即用不同的而且独立的随机数来仿真两个系统方案所得到的结果,则两个随机变量的方差为:

$$\sigma_1 = \text{var}(\overline{Y}_1), \sigma_2 = \text{var}(\overline{Y}_2), \sigma_1 \neq \sigma_2$$

相应的样本方差为 S_1 和 S_2。

满足上述条件的标准偏差为：

$$\text{s.e}(\bar{Y}_1 - \bar{Y}_2) = \sqrt{\frac{S_1^2}{R_1} + \frac{S_2^2}{R_2}} \qquad (6-13)$$

t 分布的自由度按照下面的公式来估算：

$$f = \frac{(S_1^2/R_1 + S_2^2/R_2)^2}{(S_1^2/R_1)/(R_1-1) + (S_2^2/R_2)/(R_2-1)} \qquad (6-14)$$

在比较两个随机变量时，不能仅仅根据其点估计的结果就做出判断，应该通过其差值的置信区间来判断。只有严格满足上述独立性要求的时候，才能用式(6-11)、(6-12)来构造置信区间。在其他情况下如何构造置信区间，在这里不做进一步讨论。

第七节 敏感度分析

敏感度分析(Sensitivity Analysis)研究系统输入变量的变动对系统性能的影响程度，在实验科学、系统评估等领域有广泛的应用。在系统仿真中，把系统输入变量称为因子；因子的每个可能取值叫作因子的水平；把输出的系统性能指标称为响应(Response)。

假定系统的因子为 v，系统响应为 R。如果能够建立系统响应的解析表达式 $R(v)$，而且因子是连续变动的，那么求偏导数可以得到响应随因子变动的梯度 $\frac{\partial R}{\partial v}$，这个梯度代表了系统响应对因子变动的敏感程度。

进行实际系统仿真的时候，通常无法给出响应的解析表达式，不能给出响应梯度的解析式。用因子变动方法，进行敏感度分析的基本步骤：

(1) 确定系统的响应：尽量采用单个系统性能指标作为响应，如果需要综合考虑多个性能指标，可以定义一个目标函数。

(2) 确定因子的变动范围和变动的步长。

(3) 确定对应每个因子取值的仿真试验方法和仿真运行次数。经常采用复演法和重复运行删除法，建议单个因子取值的仿真运行次数取 5 次。

(4) 将因子变动与响应的变动做对比。可以采用响应曲线来判断响应的敏感度。

第八节 正交设计

在进行系统设计和方案对比的时候，需要知道哪些因子对系统性能的影响比较大。由于事先无法知道哪些因子起主要作用，因此需要全面分析各因子的影响。当考察的因子比较多时，进行全面实验(把所有因子的任意水平进行组合)需要很多次仿真。例如，某个系统有 7 个 2 水平的因子，则全面实验需要 $2^7 = 128$ 次。

采用正交设计,可以合理安排实验次数。用较少的实验次数取得预期的结果。

正交设计(Design of Experiment)是一种安排试验的方法,具有以下两个主要特点:

(1) 任意一对因子的任意一个水平的组合必在试验中出现,而且出现的次数相同。

(2) 总试验次数比全面试验的次数少很多。

系统有 7 个因子。假设每个因子有 2 个水平,正交设计来安排试验,只需要 8 次试验。

例 6.10 某钢铁厂为了提高铁水温度,需要通过试验选择最好的生产方案。经过分析有三个因子影响铁水的温度:焦比、风压和底焦高度。每个因子考虑 3 个水平,如何安排 3 个因子的水平以获得最高的铁水温度。表 6-5 给出了试验因子与水平,按照表 6-6 的正交表安排试验。

表 6-5 实验因子与水平

水 平	焦比 A	风压 B/Pa	底焦高度 C/m
水平 1	1∶16	22 610	1.2
水平 2	1∶18	30 590	1.5
水平 3	1∶14	26 600	1.3

这里把铁水温度作为试验指标。因子的水平为 3,共有 3 个因子,做全面试验需要 27 次,用正交表 $L_9(3^4)$ 安排试验,做 9 次试验。把 A、B、C 三个因子安排在正交表 $L_9(3^4)$ 的前三列上,按照确定的水平和正交表中的试验号进行试验。例如,将 A 因子的第 1 个水平 1∶16,B 因子的第 1 个水平 22 610 Pa,C 因子的第 1 个水平 1.2 m 组合起来做一次试验,试验号为 1。

所有试验结果如表 6-7 所示。

表 6-6 正交表 $L_9(3^4)$

实验标号	因子 1	因子 2	因子 3	因子 4
1	1	1	1	1
2	1	2	2	2
3	1	3	3	3
4	2	1	2	3
5	2	2	3	1
6	2	3	1	2
7	3	1	3	1
8	3	2	1	3
9	3	3	2	1

表6-7 实验结果

实验号	因子A	因子B	因子C	铁水温度/℃(减去1 350)
1	1	1	1	15
2	1	2	2	45
3	1	3	3	35
4	2	1	2	40
5	2	2	3	45
6	2	3	1	30
7	3	1	3	40
8	3	2	1	40
9	3	3	2	60

计算第 i 个水平所对应的试验指标的总和 K_i。例如,计算表6-7第5列中水平为1的试验指标之和,写在表6-8中 K_1 所在行的第1列。计算第 i 个水平试验指标的均值 k_i,列在表6-8中。计算表6-8中各列的极差(用每列中最大的均值减去最小的均值),极差反映了因子水平变动对试验指标的影响。极差最大的那个因子是主要因子,即C因子的影响最大,其次为A因子。$A_3B_2C_2$ 为优化的方案。

表6-8 实验指标的极差分析

实验号	因子A	因子B	因子C
K_1	95	95	85
K_2	115	130	145
K_3	140	125	120
k_1	31.7	31.7	28.3
k_2	38.3	43.3	48.3
k_1	46.7	41.7	40.0
均值的极差	15.0	11.6	20.0

按照正交表安排试验的步骤如下:
(1) 明确试验目的,确定要考核的试验指标。
(2) 确定要考察的因子和因子的水平。
(3) 选用合适的正交表。
(4) 根据正交表中试验号的安排进行试验并记录试验指标。
(5) 计算各水平所对应的试验指标总和($K_1,K_2,\cdots$)。
(6) 计算各水平所对应的试验指标均值($k_1,k_2,\cdots$)。
(7) 计算各因子的试验指标均值的极差(均值的最大差值)。
(8) 极差最大的因子为主要因子。当试验指标越大越好时,均值 k_i 最大者所对应的水平为优化水平;当试验指标越小越好时,均值 k_i 最小者所对应的水平为优化水平。

第九节　参数的优化方法

系统仿真的最终目标之一是找到一组系统参数,获得优化的系统性能指标。例如,生产线每小时的产量最高、库存系统的库存水平最低、缺货次数最少等。要达到这样的优化目标,需要确定用怎样的系统结构和系统参数进行仿真,以及如何评价仿真的结果。

这样一类参数优化问题可以归结为经典的数学优化问题——线性或非线性规划。假定系统的输出性能指标为 R,依赖于系统的输入因子为 $v_1,v_2,\cdots,v_k$。参数优化的目的是使目标函数 $E[R(v_1,v_2,\cdots,v_k)]$ 最大或最小。输入因子有一定的取值范围,各因子之间有一定的约束关系,参数优化可以表示为以下的规划问题:

$$\max E[R(v_1,v_2,\cdots,v_k)] \qquad (6-15)$$

$$\left.\begin{array}{l} l_1 \leqslant v_1 \leqslant u_1 \\ l_2 \leqslant v_2 \leqslant u_2 \\ \vdots \\ l_k \leqslant v_k \leqslant u_k \end{array}\right\} \qquad (6-16)$$

$$\left.\begin{array}{l} a_{11}v_1 + a_{12}v_2 + \cdots + a_{1k}v_k \leqslant c_1 \\ a_{21}v_1 + a_{22}v_2 + \cdots + a_{2k}v_k \leqslant c_2 \\ \vdots \\ a_{p1}v_1 + a_{p2}v_2 + \cdots + a_{pk}v_k \leqslant c_p \end{array}\right\} \qquad (6-17)$$

式(6-15)为目标函数,式(6-16)给出了输入因子的取值范围,式(6-17)是输入因子的约束条件。

用离散事件系统仿真结合优化算法来实现参数优化得到了广泛的应用。研究者们提出许多优化算法,其中搜索算法应用较多。常用的优化算法有单纯形法、响应曲面法、模拟退火算法、禁忌法和进化算法等。

进化算法利用生物进化中的遗传和选择原理,通过重组(交叉)、变异、选择以及群体的动态调整,达到全局寻优的目的,包括基因算法(Genetic Algorithm,GA)、进化规划(Evolutionary Plan,EP)和进化策略(Evolutionary Strategy,ES)。

进化策略算法是一种搜索算法。ES 和 GA 之间的主要区别在于:GA 操作变量的编码串;ES 操作变量本身,因此 ES 能利用更多的有关领域的知识。根据选取下一代个体的方法,进化策略算法主要分为 (u,λ) 和 $(u+\lambda)$ 进化策略算法,u 为父代群体大小,λ 为子代群体大小。(u,λ) 算法只从子代个体中选择下一代个体。(u,λ) 进化策略算法的具体实现步骤如下:

(1) 初始化。在 n 维解空间中随机选取 μ 个点 $X_1(0),X_2(0),\cdots,X_\mu(0)$,得到初始种群置 $m=0$,计算每个个体的适应值。

(2) 产生中间群体。取 $\lambda \geqslant u$。

① 置 $i=1$。

② 以等概率从种群 $X(m)$ 中选取两个个体 $X_{i1}(m), X_{i2}(m)$。

③ 重组,交叉算子作用于 $X_{i1}(m), X_{i2}(m)$ 产生中间个体 $X'_{\mu+i}(m)$。

④ 变异,令:

$$X_{\mu+i}(m) = X'_{\mu+i}(m) + \Delta x$$

其中, $\Delta x \sim N(0, \sigma'^2) = [N(0, \sigma'^2_1), \cdots, N(0, \sigma'^2_n)]^T, N(0, \sigma'^2_n)$ 表示正态分布,且 Δx 的 n 个分量之间相互独立。

⑤ 若 $i = \lambda$,转步骤 3,否则置 $i = i + 1$,转步骤(2)。

(3) 选择。从 $\{x_{\mu+1}(m), X_{\mu+2}(m), \cdots, X_{\mu+\lambda}(m)\}$ 中选取 u 个适应值最高的个体组成新一代种群:

$$X(m+1) = \{X_1(m+1), X_2(m+2), \cdots, X_\mu(m+1)\}$$

(4) 终止检验。

判断 $X(m+1)$ 是否满足终止进化条件,如果满足则停止,否则置 $m = m+1$,转到步骤(2)。

例 6.11 如图 6-4 所示的两级库存系统有 A、B、C 三类货物,二级仓库给客户 1 和客户 2 供货,中心仓库向二级仓库转库同时向各个供应商订货。二级仓库采用 (S, s) 的库存控制策略,中心仓库采用 (t, Q, r) 的订货策略,t 为 1 天。基本假定如下:

(1) 本系统仓库容量足够大,供应商总能满足订货需求;

(2) 当客户订货发生缺货时,二级仓库按库存量出库,缺货在到货后补齐;

(3) 一级仓库订货发生缺货时,中心仓库按库存量出库,缺货在到货后补齐。

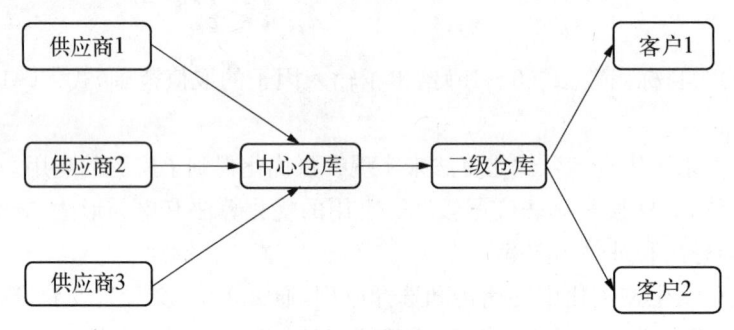

图 6-4 两级库存系统

货物的订货费、存储费、缺货费、转库费、销售费及其他库存系统参数如表 6-9 所示,采用 (Q, r, S, s) 作为系统的决策变量。库存系统行为的评价指标主要分为运行成本和用户满意程度两类,这里用库存系统在单位时间内实现的利润作为目标函数,其值为:

$$VFall = VFs \times VFhc \times VFhc \times VFo \times VFor \times VFt \tag{6-18}$$

式中,VFs——单位时间内的销售额;

$VFhc$ 和 VFh——分别为中心仓库和二级仓库的库存维持费;

VFo——二级仓库缺货损失费;

$VFor$——中心仓库的订货费与订货成本之和;

VFt——转库费。

$VFall$ 的值越高，表明库存系统在满足用户需求和降低库存成本这两方面的综合水平越好。系统参数在表6-9中给出，表6-10列出了根据检验设定的决策变量。

由系统仿真得到采用不同决策变量时系统的利润指标。在决策变量(Q,r,S,s)初始值的基础上，改变各个决策变量的值，进行初步寻优。比较仿真运行结果，设定货物A决策变量(Q,r,S,s)的寻优范围为(55 000~75 000)、(20 000~40 000)、(20 000~35 000)、(15 000~20 000)，步长为1 000，状态空间大小为112 896(=21×21×16×16)。

采用进化策略寻优，设定仿真终止条件为：连续10代最高适应值增加值不超过0.03或者总代数达到100。从状态空间中随机选出7个初始群体，经重组和变异生成49个子代，选出适应性最高的7个作为新的父代，再次生成新的子代，不断重复直到满足终止条件。三种货物的最优决策变量取值及其利润如表6-11所示。

表6-9 系统参数

货物类型		货物A	货物B	货物C
需求间隔时间(天)	客户1	(0.5,1.5)的均匀分布		
	客户2	(2,3,4)的三角分布		
每次需求量(千件)	客户1	均值为3.5的指数分布	(2,6,7)的三角分布	(7,12)的均匀分布
	客户2	(8,15)的均匀分布	(9,14)的均匀分布	(20,26,35)的三角分布
中心仓库订货提前期/天		(3,5)的均匀分布		
货物订购费用(元)	单价/(元/件)	10	10	5
	运输费/(元/件)	0.5		
	订货费(元/件)	30	20	30
转库费(元/件×天)		0.5		
转库时间(天)		(0.5,1)的均匀分布		
存储费(元/件×天)	中心库	0.1	0.1	0.1
	二级库	0.2	0.2	0.1
二级库缺货费(元/天)		1	1	0.5
货物售价	客户1	15	14	8
	客户2	14	14	7.5

表6-10 决策变量初始值及利润

货物类型		货物A	货物B	货物C
决策变量(Q,r,S,s)(千件)		(66,29,25,20)	(71,29,25,20)	(109,73,60,40)
利润(千元)	平均值	17.04	18.25	24.00
	标准偏差	1.04	1.08	1.07
	0.95置信度	17.04±0.20	18.25±0.21	24.00±0.21

表 6-11　系统最优决策变量及其利润

货物类型	货物 A	货物 B	货物 C
最优决策(千件)	(69,27,26,23)	(79,25,26,19)	(120,64,53,50)
利润(千元)(0.95 置信度)	19.19±0.19	19.76±0.25	26.94±0.27

思考题

1. 终态型仿真的结果分析有哪些方法,主要区别是什么?
2. 稳态仿真的结果分析有哪些方法,主要区别是什么?
3. 简述遗传算法的主要步骤。

第七章　FlexSim 与仿真初步知识

学习目标

1. FlexSim 的特点。
2. 如何建立一个简单的 FlexSim 模型。
3. FlexSim 实体的简单使用。

第一节　FlexSim 介绍

一、FlexSim 简介

FlexSim 是一个强有力的分析工具,可帮助工程师和设计人员在系统设计和运作中做出智能决策。采用 FlexSim,可以建立一个真实系统的 3D 计算机模型,然后用比在真实系统上更短的时间或者更低的成本来研究系统。

作为一个"what-if"分析工具,FlexSim 就多个备选方案提供大量反馈信息,来帮助用户迅速从多个方案中找到最优化方案。在 FlexSim 的逼真图形动画显示和广泛的运作绩效报告支持下,可以在短时间内识别问题并对可选方案做出评估。在系统建立之前,使用 FlexSim 来建立系统的模型,或在系统真正实施前试验其运作策略,可以避免在启动新系统时经常会遇到的很多缺陷。以前需要花费几个月甚至几年时间来进行查错试验以对系统进行改进,现在使用 FlexSim 可以在几天甚至几小时内取得效果。

二、FlexSim 建模

FlexSim 是一种离散事件仿真软件程序。这意味着它被用来对这样的系统建模,这些系统根据特定事件发生的结果在离散时间点改变状态。一般,状态可分为空闲、繁忙、阻塞或停机等,事件则有用户订单到达、产品移动、机器停机等。离散仿真模型中被加工的实体通常是物理产品,但也可能是用户、文书工作、绘图、任务、电话、电子信息等。这些实体通过一系列加工过程、排队和运输步骤,即所谓加工流程,在系统中依次进行下去。加工过程中的每一步都可能需要一个或多个资源,如机器、输送机、操作员、车辆或某种工具。这些资源有些是固定的,另一些是可移动的。一些资源是专门用于特定任务的,另一些则必须在多任务中共享。

FlexSim 是一个通用工具,已被用来对若干不同行业中的不同系统进行建模。FlexSim 已被大小不同的企业成功地运用。粗略估计,大约 500 个 Fortune 企业中的一半为 FlexSim 的客户,包括一些著名的企业,如 General Mills,Daimler Chrysler,Northrop Grumman,Discover Card,DHL,Bechtel,Bose,Michelin,FedEx,Seagate Technologies,Pratt & Whitney,TRW 和 NASA。

使用 FlexSim 可解决的 3 个基本问题:

服务问题——要求以最高满意度和最低可能成本来处理用户及其需求。

制造问题——要求以最低可能成本在适当的时间制造适当产品。

物流问题——要求以最低可能成本在适当的时间、适当的地点,获得适当的产品。

三、FlexSim 的应用

为了给读者一个有关可能应用的项目的概念,下面列出运用 FlexSim 成功解决的一些问题:

提高设备的利用率;

减小等待时间和排队长度;

有效分配资源;

消除缺货问题;

把故障的负面影响减至最低;

把废弃物的负面影响减至最低;

研究可替换的投资概念;

决定零件经过的时间;

研究降低成本计划;

建立最优批量和工件排序;

解决物料发送问题;

研究设备预置时间和改换工具的影响;

优化货物和服务的优先次序与分派逻辑;

在系统全部行为和相关作业中训练操作人员;

展示新的工具设计和性能;

管理日常运作决策。

FlexSim 已经被成功地应用在系统设计研究和系统日常运作管理中。FlexSim 也被应用于培训和教学领域。一个 FlexSim 的培训模型就可以透视出真实系统中的复杂相关性和动态特性。FlexSim 可以帮助操作人员和管理人员了解系统是如何运作的,同时也可以了解如果实施替代方案系统将会怎样。FlexSim 还被用来建立交互式模型,这些模型可以在运行中被控制,这样可以帮助讲解和展示在系统管理中固有的因果关系的影响。

四、可视化

FlexSim 是一项高度可视的技术,它可为具有前瞻性的市场经营者提升其企业形象。一个动画演示的仿真模型可以给人留下深刻的印象,以至于吸引管理者的注意力,并影响他们的思考方式。在仿真中显示的动画提供了视觉辅助效果,来演示最终的系统将如何运行。

本部分将使用户熟悉在用户企业中使用仿真的优势,还将看到关于 FlexSim 环境的初步介绍。本章将建立一个简单的仿真模型,然后对此模型进行试验来看看不同场景将给模型的运行带来怎样的影响。

五、FlexSim 常用术语

在开始前,首先了解一些 FlexSim 软件的基本术语和这些术语在常规仿真概念中如何运用。

(一) FlexSim 实体

FlexSim 的实体在仿真中模拟不同类型的资源。暂存区实体就是一个例子,它在仿真中扮演存储或缓冲区的角色。暂存区可以代表一队人,CPU 中一队空闲处理程序,一个工厂中的地面堆存区,或客户服务中心的等待传叫的队列。另一个 FlexSim 实体的例子是处理器实体,它模拟一段延迟或处理时间。它可以代表工厂中的一台机器,一个为客户服务的银行出纳员,或者一个分拣包裹的邮政员工,等等。

FlexSim 实体可在对象库栅格面板中找到。这些实体栅格被分为几组,默认状态下显示最常用的实体。

(二) 临时实体

临时实体是那些在模型系统中移动通过的实体。临时实体可以代表零件、托盘、组装部件、纸张、集装箱、人、电话呼叫、订单,或任何移动通过正在仿真的过程的对象。临时实体可以被加工,也可以被物料运输资源携带通过系统。在 FlexSim 中,临时实体产生于一个发生器实体。一旦临时实体从模型系统中通过,就被送至吸收器实体。

(三) 临时实体类型

临时实体类型是置于实体上的一个标签,可以代表一个条形码、产品类型或工件号。FlexSim 可通过参考临时实体类型来进行临时实体出行安排。

(四) 端口

每个 FlexSim 的实体都可有多个端口,端口数没有数量限制。实体通过端口与其他实体进行通信。端口有 3 种类型:输入、输出和中间端口。

输入和输出端口在设定临时实体在模型中的流动路线时使用。例如,一个邮件分拣器,根据包裹的目的地不同,把包裹放置在几个输送机中的一个上。要在 FlexSim 中模拟这个过程,需要将一个处理器实体的多个输出端口连接到几个输送机实体的输入端口,这表示一旦处理器(或邮件分拣器)完成对临时实体(或包裹)的处理,将把它发送到输送机。

中间端口用来建立一个实体与另一个实体的相关性。中间端口通常的应用是建立固定实体与可移动实体之间的相关关系,这些固定实体如机器、暂存区、输送机,可移动实体如操作员、叉车、起重机等。本课教程中不使用中间端口。

端口的创建和连接操作方法是,按住键盘上不同字母,点击一个实体并拖动至第二个实体。如果在点击和拖动过程中按住字母 A 键,将在第一个实体上生成一个输出端口,同时在第二个实体上生成一个输入端口,这两个新的端口将自动连接。如果按住 S 键将在这两个实体上各生成一个中间端口并连接这两个新的端口。当按住的是 Q 键或 W 键时,输入输出端口之间或中间端口之间的连接被断开,端口被删除。表 7-1 给出了用来建立和断开两类端口连接的键盘字母。

表 7-1 FlexSim 连接操作方法

	输出—输入	中间
断开	Q	W
连接	A	S

(五) 模型视图

FlexSim 采用 3D 建模环境。默认的建模视图是正投影视图窗。我们还可以在一个更真实的透视视图中观察模型。通常在正投影视图中建立模型的布局更容易,而透视视图更多地用来做展示之用。然而,我们尽可以使用任一个视窗来建立和运行模型。在 FlexSim 中,可以尽我们所需打开多个视窗。但随着打开视窗数目增多,对电脑资源的要求就会增加。

(六) 模型描述

在这个模型中,我们来看看某工厂制造三种类型产品的过程。在仿真模型中,我们将为每种产品关联一个临时实体类型的数值。这三种类型都间隔地从工厂其他部门到达。模型中还有三台机器。每台机器加工一种特定的产品类型。产品在它们各自的机器中完成加工后,所有三种类型的产品必须在一个共享的检验站中检验其正确性。如果它们的制造完好,就被送到工厂的另一部门,离开仿真模型;如果发现制造有缺陷,则必须送回到仿真模型的起始点,被各自的机器重新处理一遍。仿真的目的是找到瓶颈的所在:该检验设备是否导致其他三台加工机器前实体的堆积,或者是否会因为三台加工机器不能跟上它的节奏而使之空闲等待? 两机器间的缓冲空间是否必要?

虽然我们以制造行业为例,但同类的仿真模型也可应用于其他行业。以一个复印中心为例。一个复印中心主要有三种服务:黑白复印、彩色复印和装订。在工作时间内有三个雇员工作,一个负责黑白复印工作,一个处理彩色复印,一个负责装订。另有一个出纳员对完成的工作进行收款。每个进入复印中心的顾客把一项工作交给专门负责该工作的雇员。当各自工作完成后,出纳员拿到完成的产品或服务,把它交给顾客并收取相应的费用。但有时候顾客对完成的工作并不满意。在这种情况下,此项工作必须被返回相应的员工进行返工。此场景代表了与上面描述的制造业中所用的相同的仿真模型。但是,在此例中,我们可能更多关注在复印中心等待的人数,因为缓慢的服务对复印中心的业务来说成本高昂。

这里还有一个应用于运输业的相同的仿真模型例子。每辆穿越桥梁从加拿大到美国去的商业运输卡车,在允许入境前必须通过海关设施。每个卡车司机必须首先拿到适当的所需文件,然后通过对卡车的最后检查。卡车通常有三个重量级别,不同级别需要填写不同的文件,且必须向海关的不同部门提出申请。文件填写完成后,所有载重量的卡车都必须通过同一检查过程。如果未通过检查,则必须进行更多的文件填写工作。同样,这种情况包含与制造业的例子完全相同的仿真元素,只是将其运用在运输业中。这里,用户或许会对卡车在桥梁上会积聚多少辆感兴趣。如果车辆堆积数英里,直到在相邻的加拿大城市中造成交通堵塞,那么你就需要对设施的运作做些改变。

第二节 建立模型

为验证 FlexSim 软件已被正确安装,双击桌面上的 FlexSim 图标打开应用程序。一旦软件安装好,应该看到 FlexSim 菜单和工具条、实体库和正投影模型视窗,如图 7-1 所示。

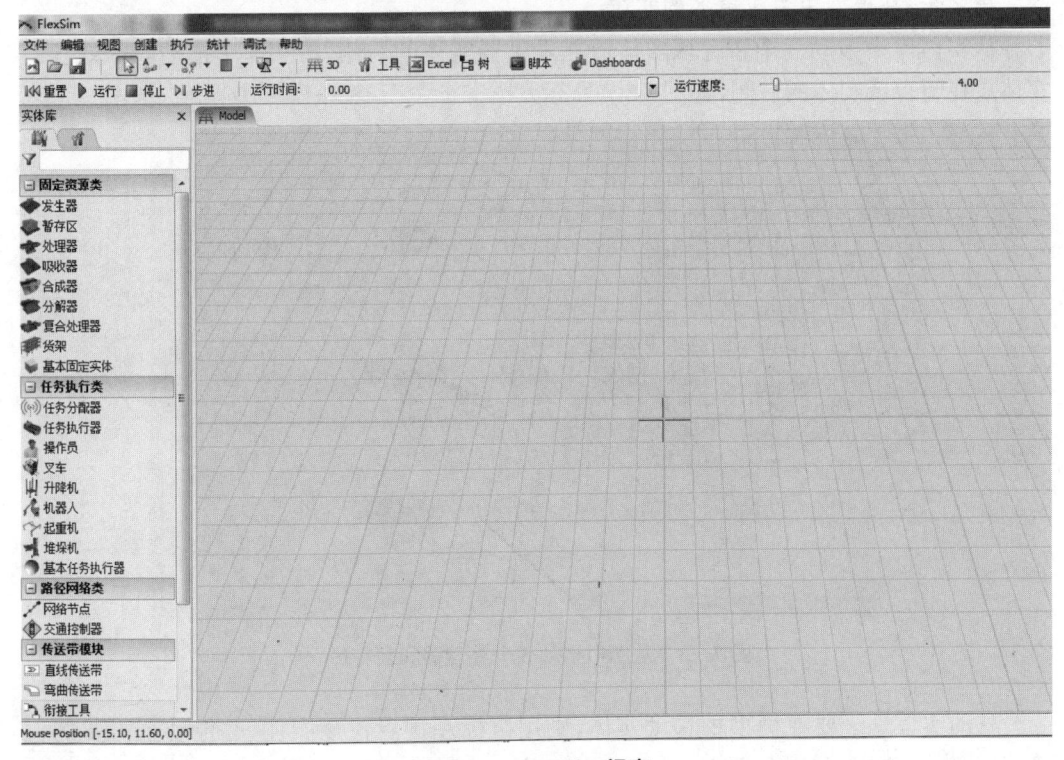

图 7-1 FlexSim 视窗

第1步：在模型中生成一个实体

从左边的实体库中拖动一个发生器到模型(建模)视窗中。具体操作是，点击并按住实体库中的实体，然后将它拖动到模型中想要放置的位置，放开鼠标键。这将在模型中建立一个发生器实体，如图7-2所示。一旦创建了实体，将会给它赋一个默认的名称，如Source#，数字#为从FlexSim应用软件打开后所生成的实体数。在以后定义的编辑过程中，可以对模型中的实体进行重新命名。

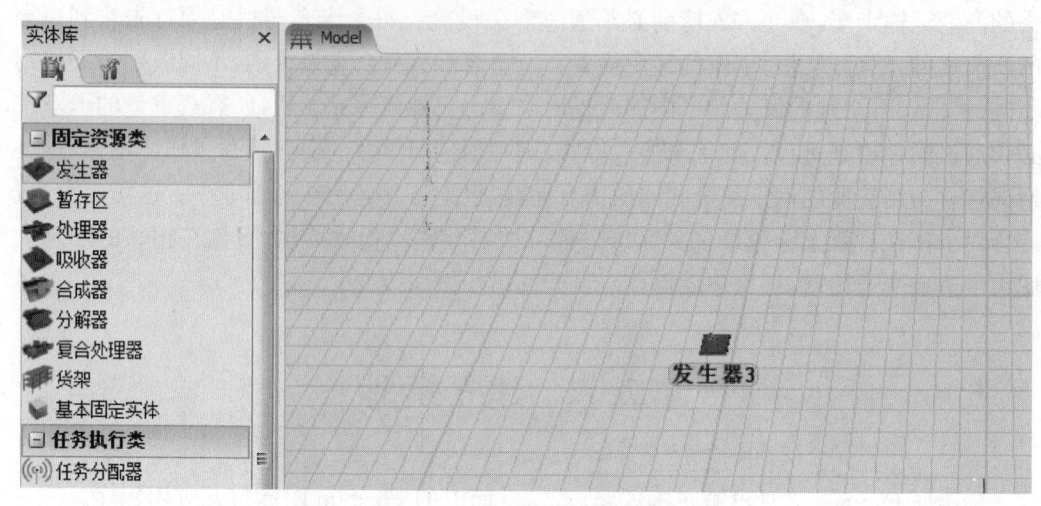

图7-2 从库中拖动发生器

第2步：在模型中生成更多的实体

从实体库中拖动一个暂存区实体放在发生器实体的右侧，再从库中拖动3个处理器实体放在暂存区实体的右侧，如图7-3所示。

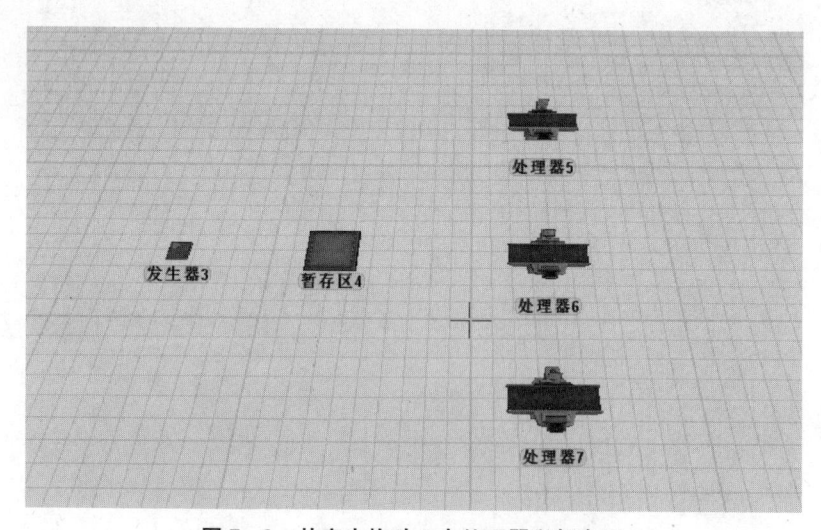

图7-3 从库中拖动3个处理器和暂存区

移动实体——要在模型中移动实体，则用鼠标左键点住该实体，并拖动至需要的位置。还可以右键点击并拖动鼠标来旋转此实体，也可以使用鼠标滚轮，或同时按住鼠标左右键点住该实体并拖动鼠标,可沿 z 轴方向上下移动该实体,如图 7-4 所示。

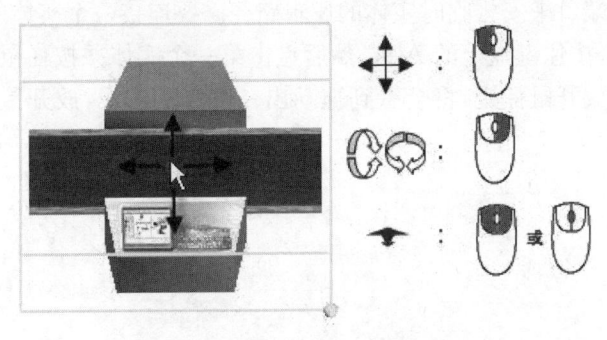

图 7-4 操作鼠标,旋转实体

移动视窗——要移动模型的视景观察点,可用鼠标左键点击视窗的一个空白区,并拖动鼠标。要旋转模型视点时,用右键点击空白区并拖动鼠标。要放大或缩小视图时,使用鼠标滚轮或同时按住鼠标左右键并拖动鼠标,如图 7-5 所示。

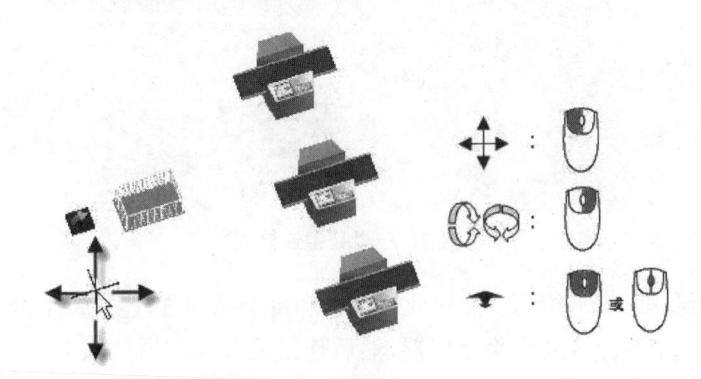

图 7-5 操作鼠标,旋转模型

第 3 步:完成在模型中生成实体
再拖出一个暂存区、一个处理器和一个吸收器实体放到模型中,如图 7-6 所示。

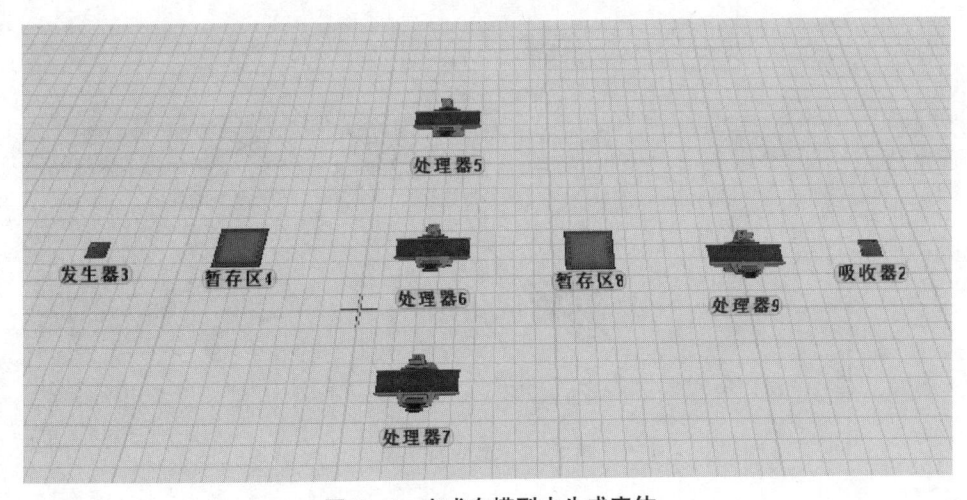

图 7-6 完成在模型中生成实体

第4步：连接端口

下一步是连接端口来安排临时实体的逻辑路径。要连接一个实体的输出端口至另一个实体的输入端口，按住键盘上的 A 键，然后点击第一个实体并按住鼠标左键，拖动鼠标到下一个实体然后放开鼠标键，将会看到拖动出一条黄色连线，放开鼠标键时，会出现一条黑色的连线，如图 7-7 所示。

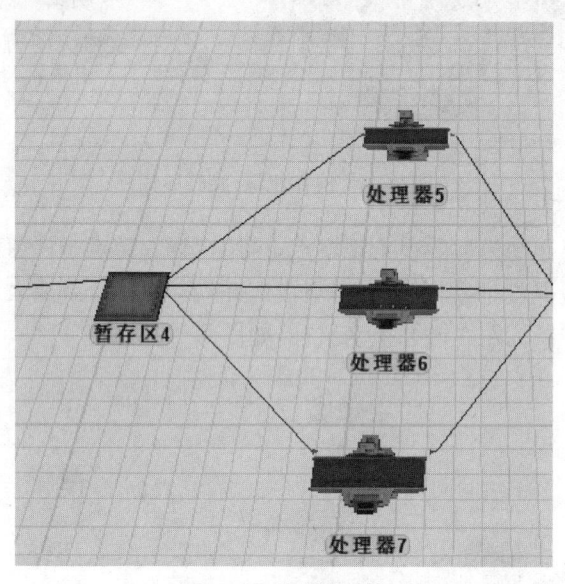

图 7-7 "A"键连接

连接发生器到第一个暂存区，连接此暂存区和每个处理器，连接每个处理器到第二个暂存区，连接第二个暂存区到检验处理器，然后连接检验处理器到吸收器，并连接到模型前端的第一个暂存区。现在此模型的连接如图 7-8 所示。

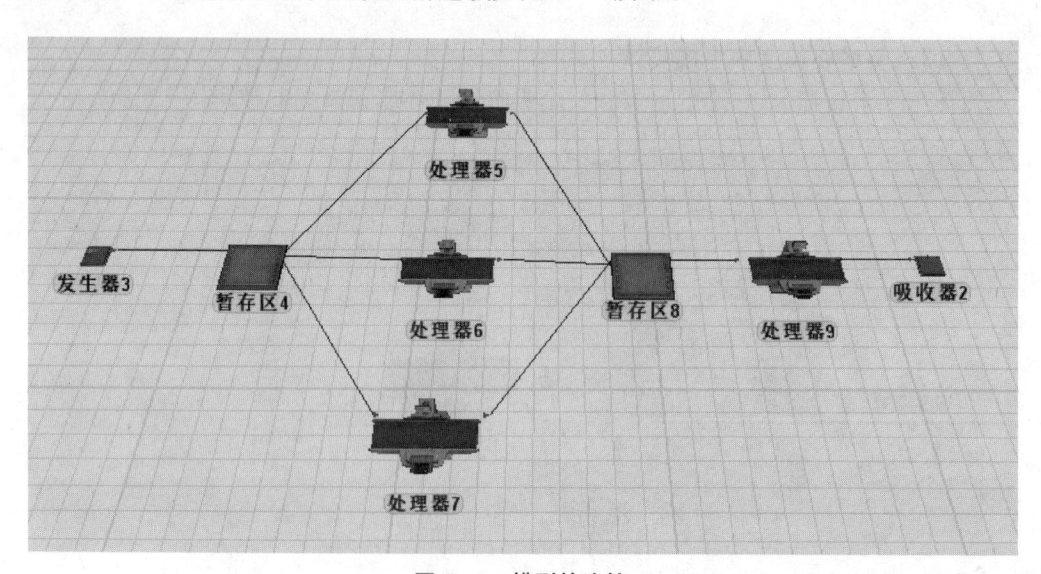

图 7-8 模型的连接

下一步是改变各实体的参数,以使它们按模型的描述来工作。这里从发生器开始一直到吸收器逐个修改参数。

每个实体都有它自己的参数视窗,数据和逻辑会由此视窗添加到模型中。双击一个实体进入该实体参数视窗。

在这个模型中,我们需要让3种不同的产品类型进入系统。要完成这一要求,每个临时实体的类型,将按照均匀分布被随机分配一个1到3之间的整数值。这由发生器的出口触发器来完成。

第5步:给发生器指定临时实体的到达速率

双击该发生器打开它的参数视窗(见图7-9)。

图7-9 发生器的属性视窗

所有FlexSim实体都有多个分页(标签页)来代表变量和信息,建模人员可根据模型要求来改变它们。在这个模型中,我们需要改变到达间隔时间和临时实体类型以产生3种类型的产品。在此模型中,产品每5秒到达,按指数分布。发生器默认使用一个指数分布的到达时间间隔,但需要改变其均值。诸如指数分布这样的各种随机分布将被仿真过程采用,可用来对现实系统中发生的变化进行建模。FlexSim提供了一个叫作ExpertFit的工具来帮助我们确定何种随机分布与我们的实际数据最匹配。在后面的文档中有对分布和如何使用它们的详细解释。在发生器分页中,在到达时间间隔下拉菜单中,点击 按钮,如图7-10所示。

图7-10 设置到达时间间隔

打开下拉菜单"▼"来解释其选项,并可编辑该选项的参数,如图 7-11 所示。

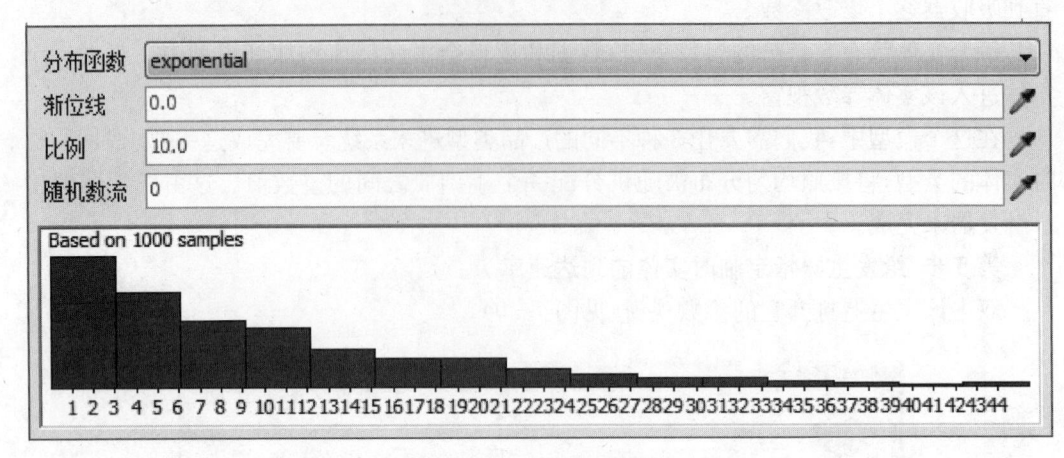

图 7-11 选择分布函数

将分布函数设置为 exponential;

渐位线(Location)设置为 0.0;

比例(Scale)设置为 5;

随机数流(Stream)设置为 0。

如果我们在快捷属性窗口中编辑到达时间间隔,那么需要到属性窗口中去操作第 6 步。双击快捷属性窗口中的常规属性部分中的更多属性,就可以打开。

第 6 步:指定临时实体的类型和颜色

接下来要做的是,在临时实体进入系统时为其指定一个类型值。此类型值在 1 到 3 之间均匀分布,意思是,进入系统的产品是类型 1、类型 2 或类型 3 的可能性都一样。完成该指定的最好的方式是在发生器的离开触发器中改变其临时实体类型。

点击触发器选项卡,在创建触发器(按下 ➕ 按钮)中增加一个函数。选择设置临时实体类型和颜色,就会弹出一个小窗口(见图 7-12)。

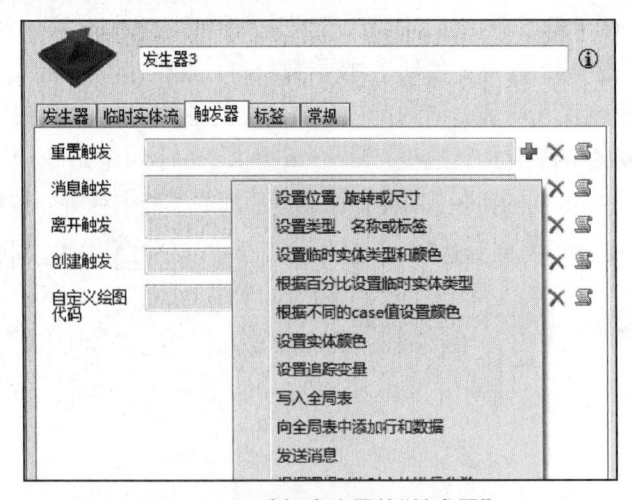

图 7-12 选择发生器的"触发器"

离散均匀分布与均匀分布相似,只是其返回值不是所给参数之间的实数,而是一个整数,如图 7-13 所示。

图 7-13　设置临时实体类型和颜色

我们现在完成了发生器的参数编辑,所有默认的棕色内容已经完全如我们所需要的了。点击"确定"按钮即可接受参数设置并关闭该视窗。

第 7 步:设置暂存器容量

下一步是详细设置第一个暂存区。这里有两项内容需要设定:第一,要设定的是暂存区的容量。第二,希望暂存区的分配方式是将临时实体中所有类型 1 送至处理器 1,类型 2 送至处理器 2,以此类推。

双击第一个暂存区,就会出现其参数视窗(见图 7-14)。

图 7-14　设定暂存区的容量

将最大容量改为 10 000,这实际上将得到一个无限容量的暂存区。按 应用 按钮。

第 8 步:指定暂存区的路径分配

选择"临时实体流"分页来设置该暂存区的实体流选项。

在"输出"面板中,在"发送至端口"下拉菜单中,选择"getitemtype(item)(按临时实体类型(直接))"选项,如图 7-15 所示。

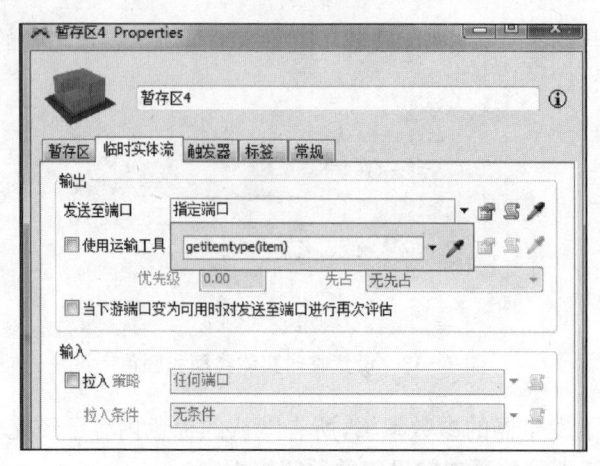

图 7‑15　选择"临时实体流",设置路径

由于已经指定了一个临时实体的类型参数等于 1、2 或 3,我们现在可以用临时实体的类型来选定临时实体要通过的端口号。处理器 1 应被连接至端口 1,处理器 2 应被连接至端口 2,处理器 3 应被连接至端口 3。

选择了"getitemtype(item)"选项后,按"确定"按钮关闭该暂存区的参数视窗。

第 9 步:指定处理器的操作时间

下一步是设置 3 个处理器的处理时间。

双击第一个处理器,就会出现其参数视窗(见图 7‑16)。

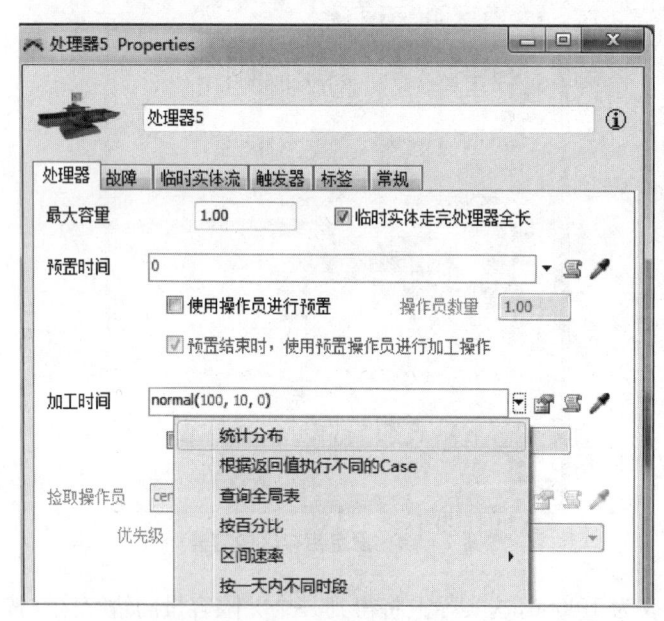

图 7‑16　设定"加工时间"

在"加工时间"下拉菜单中选择"统计分布",在"统计分布"小窗口中,选择"exponential",使用默认的参数;点击"确定"按钮来关闭模板视窗。到此为止,这是我们要对处理器所做的唯一改变。我们将在后面的课程中采用一些其他选项,对其他两个处理器重复这一步骤。

第 10 步:详细设置第二个暂存区

现在双击第二个暂存区打开其参数视窗。如同在第一个暂存区中所做的一样,我们需要模拟一个无限容量的暂存区。在"最大容量"域段输入 10 000。然后按"确定"按钮关闭视窗。

第 11 步:设置检验站处理时间

双击检测站,打开属性窗口。

见图 7-17,在"处理器"选项卡上,高亮选中加工时间框内的所有文本,替换成 4,意思是加工时间为常量 4 秒。

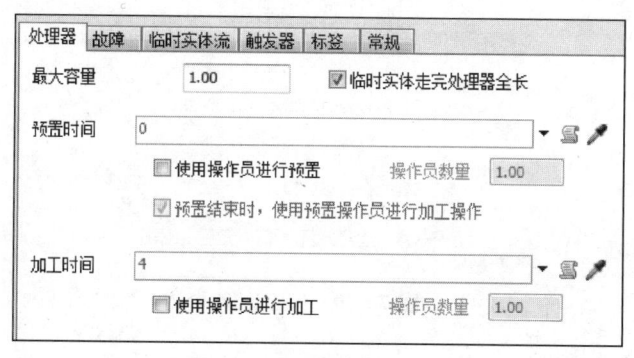

图 7-17 设定"加工时间"

第 12 步:设置检验站的路径分配

现在需要设置该检验站将劣质产品送回到模型的开始端,将合格产品送到吸收器。在建立该实体的连接时,应首先连接它至吸收器,然后将它连接回第一个暂存区。这个顺序可以使第一个输出端口连接到吸收器,第二个输出端口连接到暂存区,如图 7-18 所示。

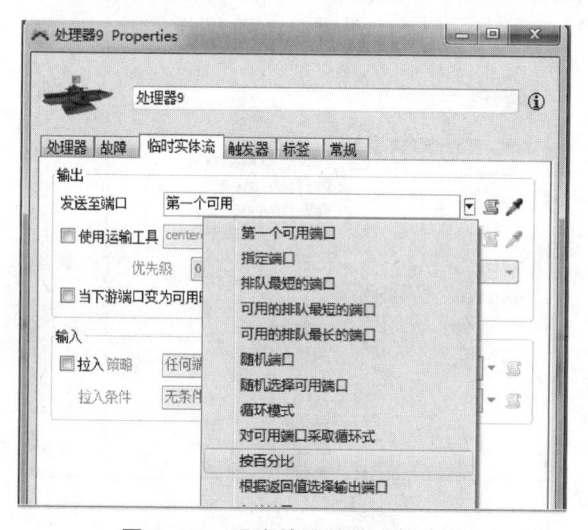

图 7-18 设定检验站的路径分配

现在,我们想按照某确定的百分比来安排临时实体的路径。点击检验站的临时实体流选项卡。在发送至端口下拉菜单中,选择按百分比。

使用➕按钮,添加一个域段(见图 7-19)。

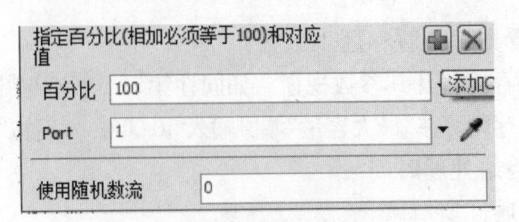

图 7-19 选择"按百分比"

按照图 7-20 所示输入参数。

图 7-20 设定比例

按"确定"按钮关闭模板视窗。

这种设置方法将 80％的产品(合格产品)流向端口 1,也就是吸收器;20％的产品(次品)通过端口 2 流向暂存区 1。

还有一件可能想要做的事,就是对已通过检验站并已被送回第一个暂存区的实体进行可视化。点击检验站的参数视窗中的"处理器—触发器"分页。在触发器下拉框中选择"Set Color(设置实体颜色)"选项。

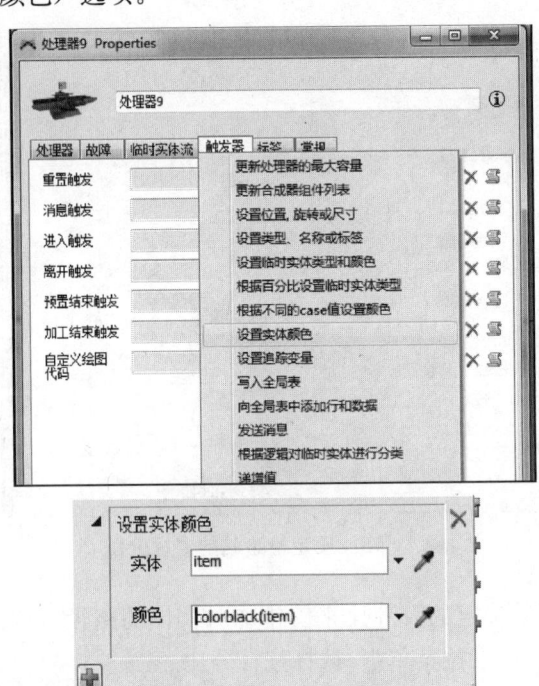

图 7-21 设定实体颜色

按"确定"按钮关闭此模板视窗,然后按检验站参数视窗中的"确定"按钮关闭之。

第13步:重置和运行模型

点击主视窗左下角 [重置] 按钮,对模型进行重置,可以确保所有系统变量被设置回初始值,并将模型中所有临时实体清除。

选择主视窗底部 [运行] 按钮。

现在模型应该开始运行了。临时实体应该从第一个暂存区开始移动,进入3个处理器中的一个,然后到第二个暂存区,再进入检验站,并从这里进入吸收器,也有一些被重新发送回第一个暂存区。被发回的实体将变成黑色,如图7-22所示。

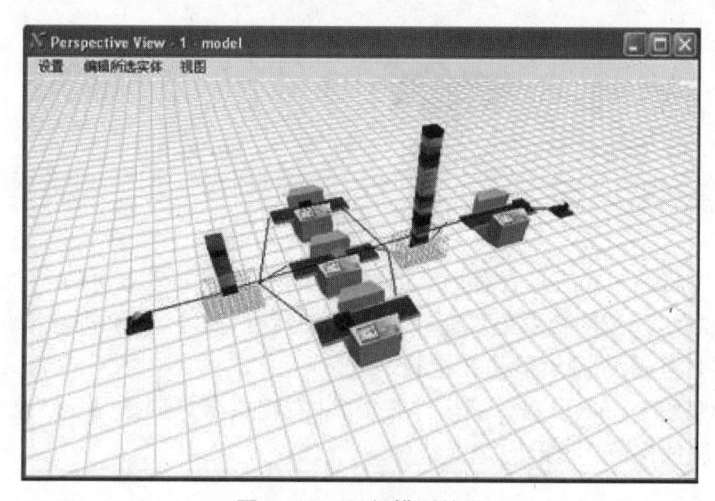

图7-22 运行模型结果

要停止模型运行,可随时按 [停止] 按钮。后面我们将学习如何按特定时间长度和特定重复次数来运行模型。当模型定义中用到随机分布时,多次运行模型是很重要的。

要加快或减慢模型运行速度,可左右移动视窗底部的运行速度滑动条(见图7-23)。

图7-23 运行速度滑动条

移动此滑动条能改变仿真时间与真实时间的比率,它完全不会影响模型运行的结果。至此,建模过程完成。

第三节 模型实验

在描述系统时通常希望知道系统的瓶颈在哪里。这里有几种途径。首先,可以简单地观察暂存区的长度。如果模型中的一个暂存区一直有很多的产品堆积,这是一个有用的迹象,表明流程在该位置造成了系统的瓶颈。运行该模型时,将注意到第二个暂存区会经常有些产品等待加工,而第一个暂存区的容量通常是20或更少,正如图7-24所看到的。

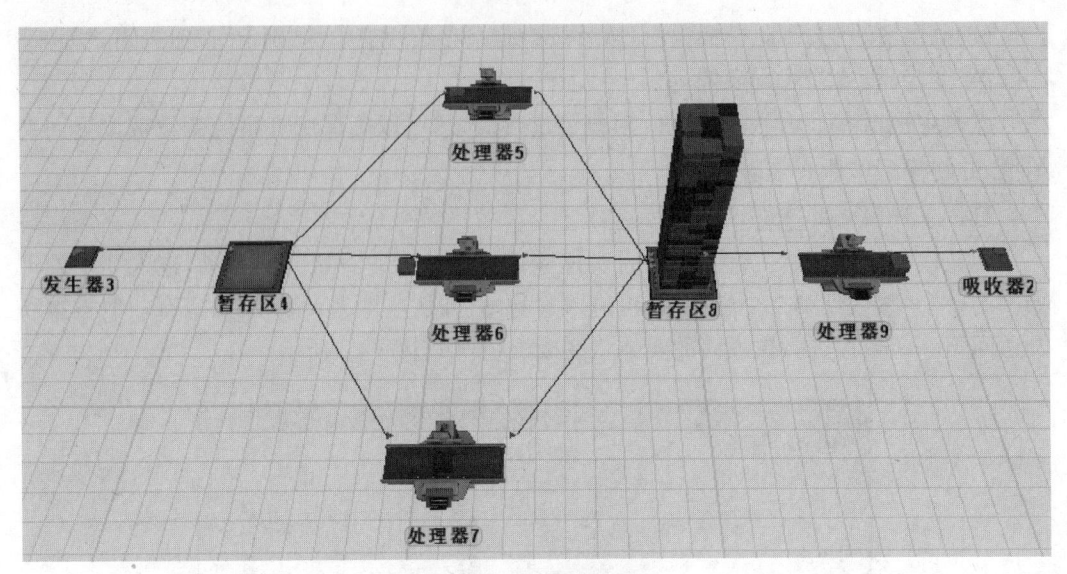

图 7-24 查看模型瓶颈

另一种发现瓶颈的方法是查看每个过程的统计报表。如果上游的三个处理器总是繁忙,而检验位常常空闲时,瓶颈很可能在三个处理器上;反之,如果检验站总是很忙,上游的处理器总是空闲,则瓶颈可能是在检验站上。

运行此模型至少 50 000 秒。然后停止模型,右键点击并选择"属性"来打开 3 个处理器中第 1 个的属性视窗(见图 7-25)。

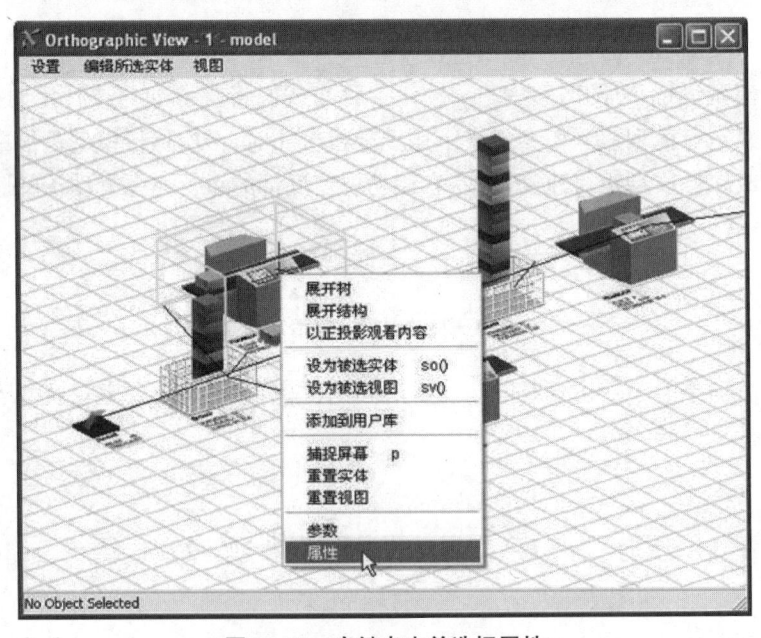

图 7-25 右键点击并选择属性

选择"统计"分页,然后选"状态"分页,将显示出实体的时间处于每个状态的百分率的饼图(见图 7-26)。

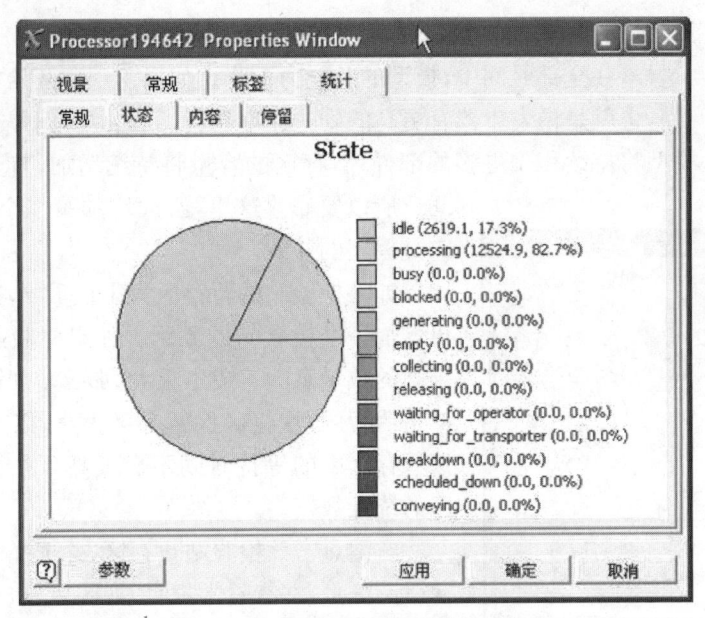

图 7-26 实体处于每个状态的百分率

饼图表明这一工序的空闲时间占仿真时间的 17.3%，而处理时间占 82.7%。关闭这一视窗，然后右键点击另两个处理器中的一个，再次进入它们的属性视窗，它们将有类似的结果。

在检验站点击右键，打开它的属性视窗。检验站的状态饼图如图 7-27 所示。

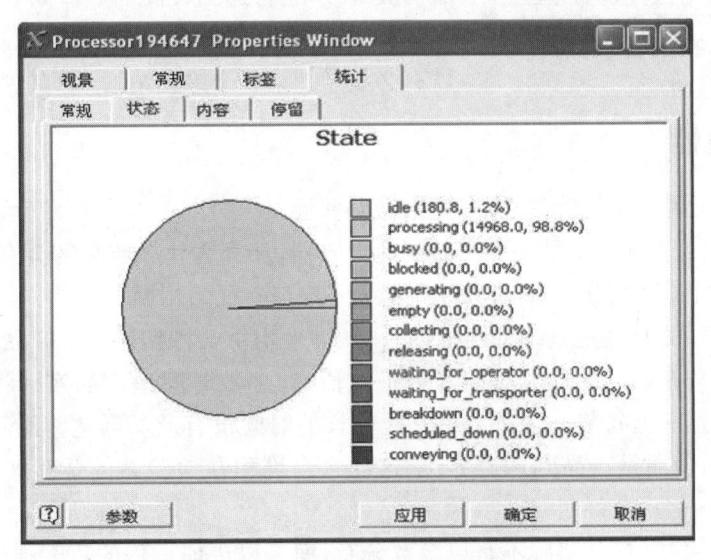

图 7-27 检测器每个状态的百分率

可以注意到，在仿真运行过程中，98.8%的时间检测器是在工作。由这些不同状态的图可以得知，很明显瓶颈为检验站，而不是这 3 个处理站。

现在已经图示出瓶颈的位置了，问题是下一步应该怎么办呢？这取决于一些有关成本与获利的对比因素，还有设施的未来目标。在将来，这些设备是否需要具备以更快的速度处理更多产品的能力？在模型中，平均每 5 秒制造一个产品。检测器平均每 5 秒送一

— 105 —

个成品到吸收器。这个平均 5 秒的值,是可以通过 4 秒的检验周期和 80/20 的发送策略来计算得到的。这样,在全部时间中,模型的总能力下降。如果工厂要开始在这部分设备中处理更多的产品,也就是说发生器有更高的到达速率(更低到达时间间隔)。那么,如果不改变检测器,模型将持续积聚更多的部件,暂存区的容量将持续增加,直到没有剩余空间。所以要修改这里,必须增加第二个检验站,因为它是模型的瓶颈。

如果检验站的暂存区大小很重要,这成为另一个再增加一个检验站的原因。如果检验站暂存区积聚很高的数量意味着成本很大,那么增加第 2 个检验站将是明智的,这将确保暂存区大小,以及每个产品在该暂存区中的等待时间不会太高。来看一下该暂存区的统计数据。

右键点击该检验站暂存区,并选择"属性"。点击"统计"分页,并查看常规页,如图 7-28 所示。

继续运行此模型,将会注意到这些数值随着仿真运行而改变。查看平均当前数量和平均逗留时间数值。逗留时间指临时实体在暂存区中停留的时间。在此仿真的前期,暂存区的平均数量通常较低,但随着仿真继续,它将达到较高的数值如 200 或 300。如果 200 或 300 的平均暂存区大小是无法承受的,那么就有必要增加第 2 个检验站。

图 7-28 检验战暂存区的属性

一、随机性

在决定增加另一个检验站之前,先来做一些测试。既然一个来自发生器的产品平均每 5 秒到达,而且平均每 5 秒一个产品到达吸收器,那么为什么暂存区会有产品积聚呢?产品以其到达的速度离开,这样在系统中似乎不应该有任何积聚。

暂存区堆积的原因是系统的随机性。是的,平均每 5 秒到达一个产品,但这个到达率是基于指数分布的。指数分布中 5 为平均值,在多数时间里产品实际将以比每 5 秒更快的速度到达。但每隔一会都会有一段较长的时间没有产品到达。最后平均计算的到达率为 5 秒,但通常产品到达得更快,这样将会堆积在检验站的暂存区中,因为检验站为瓶颈。

假如,在设备中,产品实际不是以指数分布,而是以更加平稳的速度到达?暂存区大小是否将会停留在一个较低的级别?让我们来测试一下。

双击发生器打开它的参数视窗。在到达时间间隔时间下拉菜单中,选择正态分布。输入一个平均为 5、标准偏差为 0.5 的正态分布。

在模板视窗中按"确定",并在参数视窗中按"确定",重置并再次运行该模型。

如果仍未打开暂存区的属性视窗,右键点击暂存区来再次打开它并选择属性。继续运行此模型,将注意到暂存区的平均容量和平均逗留时间不会很高。现在通常它们不会高过50或60，而以前它们有时候会高至200或300。这是一个显著的改进，而且它只是由改变模型的随机性而引起的。

二、更高的吞吐量

现在如果设施的确需要增加15%的系统产出率。这相当于改变一个发生器的平均到达时间间隔从5秒到4.25秒。由于检测器被100%利用，我们明显需要在系统中增加第2个检测器让我们来进行改变。

再次双击发生器来打开它的参数视窗。点击模板 键选择到达时间间隔。改变正态分布的平均值从5到4.25。在模板视窗中点击"确定"。在发生器参数视窗中点击"确定"。

现在我们将生成第2个检测器。拖拽另一个处理器实体进入模型，放在第一个检测器下面。双击它并设置它的处理时间为持续4秒，就像原先的检测器一样。然后按住A键拖拽连接检测器暂存区的输出端口至新的检测器，然后连接新检测器输出端口至吸收器和上游暂存区。

在新检测器的临时实体流页中，在发送至端口选项中选择百分率（输入），然后用 键打开模板视窗。输入80%至端口1，20%至端口2。

现在已经完成所需的改变，可以编辑、重置，并再次运行模型。

三、评估新的配置

现在运行此模型至少50 000秒。首先注意到检验站暂存区现在几乎总是空着，而3个处理器的暂存区却经常堆积。现在让我们看看原检测器的饼形图。右键点击原检测器并选择"属性"，进入"统计"分页，然后进入"状态"分页（见图7-29）。这应该显示出原先的检测器现在仅仅在67%的时间中为繁忙，因为现在这里有第2个检测器。

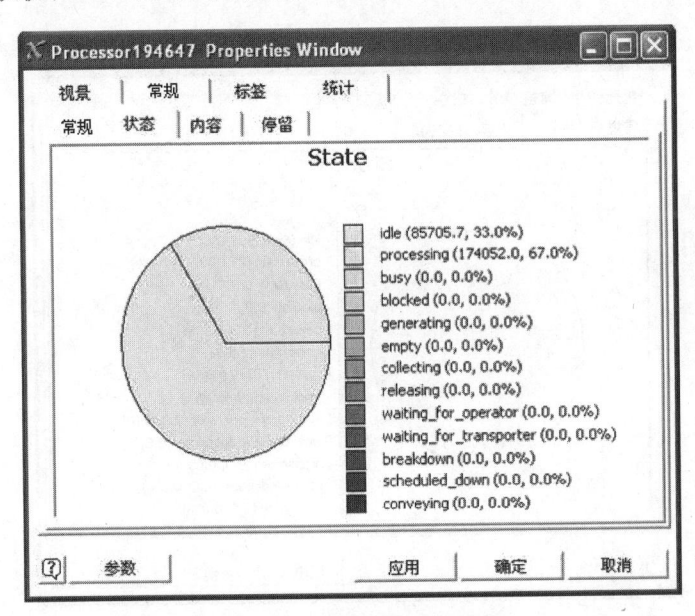

图 7-29 原检测器的饼形图

点击"确定"来关闭属性视窗。现在点击新检测器并进入它的状态饼形图。它仅在 50%的时间内繁忙,比原检测器少,如图 7-30 所示。

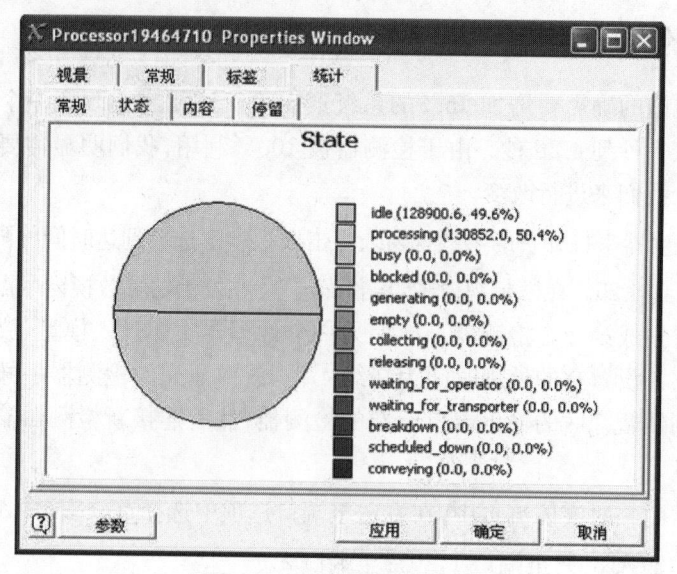

图 7-30　新检测器的饼形图

区别的原因是检验站暂存区发送至第一个空闲的检测器。无论何时两个检测器均为空闲,产品将总是进入原先的检测器,因为它是首先空闲的。产品只在原先检测器已经繁忙时才进入第 2 个检测器。这样,原先的检测器的利用率比第 2 个更高。

在第 2 个检测器的属性视窗中点击"确定"。现在进入 3 个上游处理器中的一个,右键点击它并选择"属性",进入它的状态饼图。注意到该处理器的利用率现在已经几乎达到 100%(见图 7-31)。

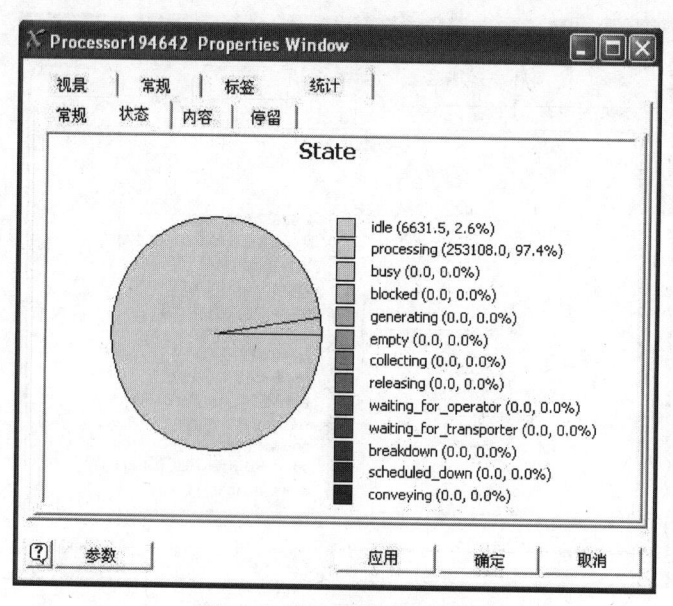

图 7-31　处理器的饼形图

现在已经有效地把系统的瓶颈从检测器移动到 3 个处理器。并且,通过利用增加 15%的产量和加入第 2 个检测器,已经显著地降低了每个检测器的利用率。此决策是否是一个合理的决策,很大程度取决于增加第 2 个检测器的花费。现在,由于瓶颈在 3 个处理器中,为了将来增加产量,并由此增加每个检测器的利用率,可能需要增加更多的处理器。当然,这再一次取决于花费和获益的分析。

四、结果

通过生成一个模型来仿真系统,已经明确如何对系统做何有效的决定。现在可以使用从仿真中收集的这些信息来对工厂的将来做出更好的决定。

对于这个简单模型,从数学模型和公式中也可以做出许多相同的结论。然而,真实的模型经常会比我们建立的模型复杂得多,并超出数学模型的范围。使用 FlexSim 仿真,我们可以和上面的例子一样模拟这些实际生活中的复杂性问题,并测试结果。

FlexSim 还给予仿真更多的视觉魅力。它有效地帮助管理团队做出明智的决策,因为管理团队可以在实际的 3D 世界里看到决定的影响。这个 3D 世界将随着建立 FlexSim 模型而自动产生。

现在已经熟悉了 FlexSim 和仿真的应用,建议读者完成 FlexSim 帮助中包含的其他教程。

第八章 简单的生产线模型

学习目标

1. 如何建立一个简单布局。
2. 如何连接端口来安排临时实体的路径。
3. 如何在 FlexSim 实体中输入数据和细节。
4. 如何编译模型。
5. 如何操纵动画演示。
6. 如何查看每个 FlexSim 实体的简单统计数据。

第一节 简 介

第七章介绍了图示与建立简单模型的基本概念。在 FlexSim 中建立每个模型的好方法是先画一个图示。如果不能建立一个图示、流程图,甚至不能至少在脑子中勾画出处理过程是如何工作的画面,那么使用 FlexSim 建立模型将会遇到重重困难。

在第一个模型中,我们将研究三种产品离开一个生产线进行检验的过程。有三种不同类型的临时实体将按照正态分布间隔到达。临时实体的类型在 1、2、3 三个类型之间均匀分布。当临时实体到达时,它们将进入暂存区并等待检验。有三个检验台用来检验。一个用于检验类型 1,另一个检验类型 2,第三个检验类型 3。检验后的临时实体放到输送机上。在输送机终端再被送到吸收器中,从而退出模型。图 8-1 是流程的框图。

模型 1 的主要参数:
发生器到达速率:normal(20,2)秒。
暂存区最大容量:25 个临时实体。
检验时间:exponential(0,30)秒。
输送机速度:1 米/秒。
临时实体路径:类型 1 到检验台 1,类型 2 到检验台 2,类型 3 到检验台 3。

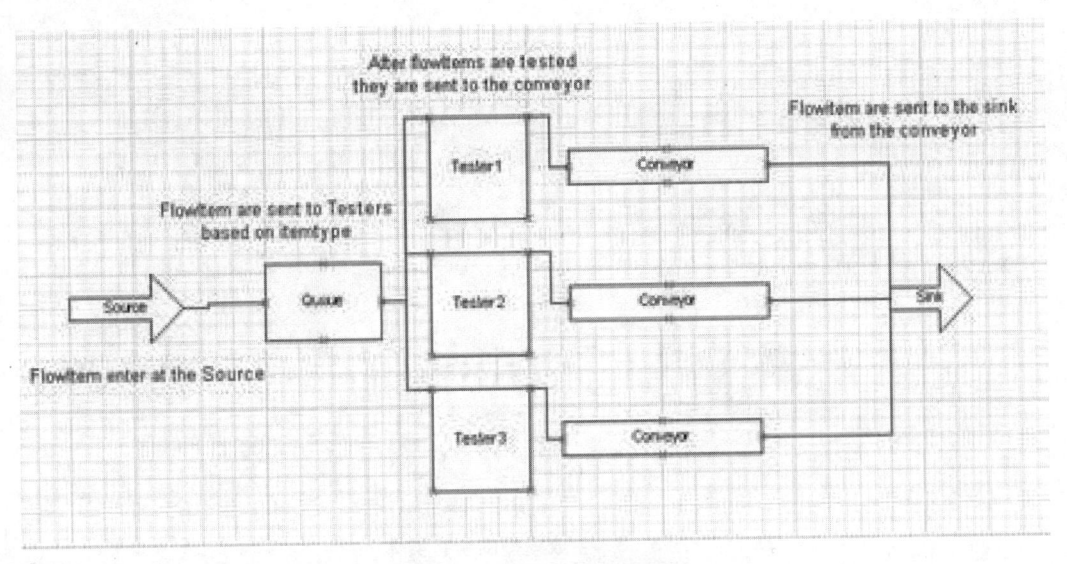

图 8-1 模型 1 流程框图

第二节 建模与实验

为了检验 FlexSim 软件安装是否正确,在计算机桌面上双击 FlexSim 3.0 图标打开应用程序。软件装载后,将看到 FlexSim 菜单和工具按钮、库以及正投影视图的视窗。

第 1 步:在模型中生成一个实体

从库里拖出一个发生器放到正投影视图中,如图 8-2 所示。

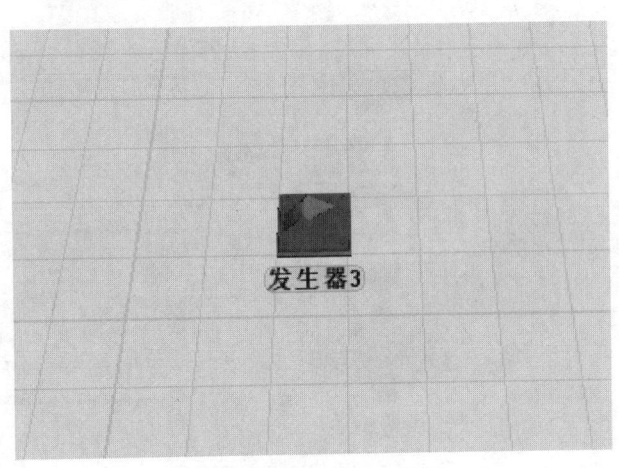

图 8-2 拖出一个发生器

第 2 步:完成模型的实体布局

把其余的实体拖曳到正投影视图视窗中,如图 8-3 所示。

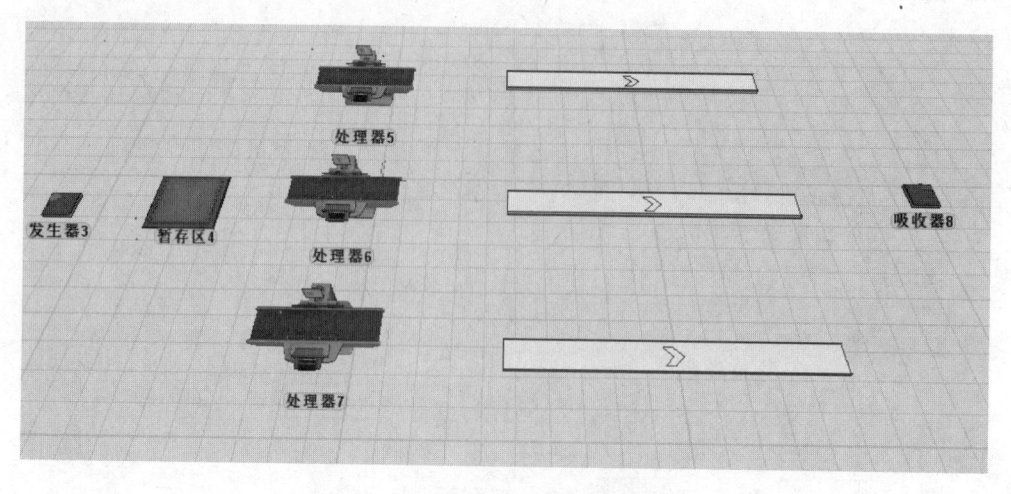

图 8-3　生成模型的所有实体

前 2 步完成后,将看到这样的一个模型:模型中有 1 个发生器、1 个暂存区、3 个处理器、3 个输送机和 1 个吸收器。

第 3 步:连接端口

下一步是根据临时实体的路径连接端口。连接过程是:按住 A 键,然后用鼠标左键点击发生器并拖曳到暂存区,再释放鼠标键。拖曳时会看到一条黄线(见图 8-4),释放时变为黑线(见图 8-5)。

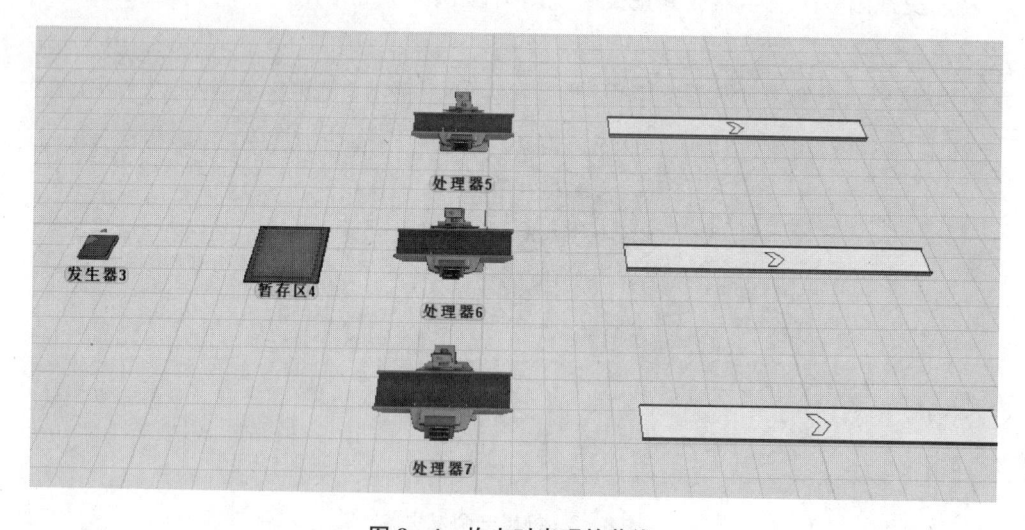

图 8-4　拖曳时出现的黄线

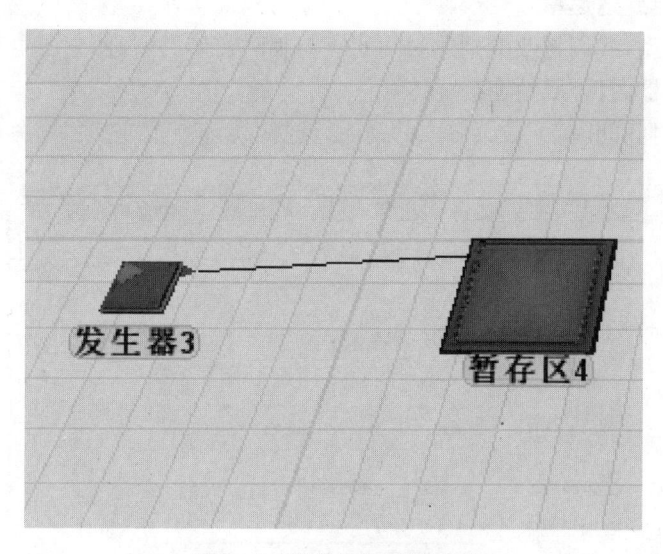

图 8-5　释放后得到的黑线

连接每个处理器到暂存区,连接每个处理器到输送机,连接每个输送机到吸收器,这样就完成了连接过程。完成连接后,所得到的模型布局应如图 8-6 所示。

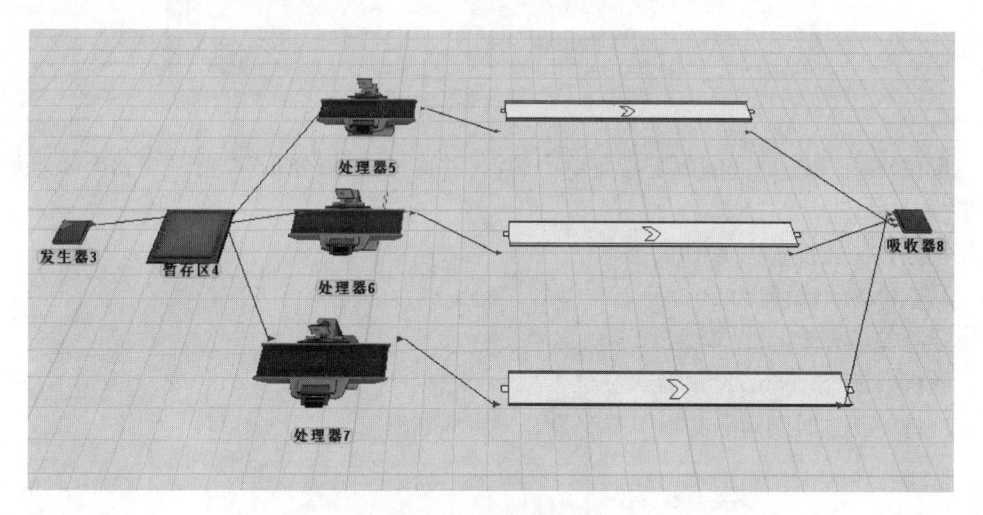

图 8-6　完成端口连接

下一步是根据对实体行为特性的要求改变不同实体的参数。我们首先从发生器开始设置,最后到吸收器结束。

详细定义模型。

每个实体都有其特有的图形用户界面(GUI),通过此界面可将数据与逻辑加入模型中。双击实体可打开叫作参数视窗的 GUI。

对于这一模型,我们想要有三种不同的产品类型进入系统。为此,将应用发生器的"离开触发器"为每个临时实体指定一个 1 到 3 之间的均匀分布的整数值,来作为实体类型。

第 4 步：指定到达速率

对于这一模型，我们将改变到达时间间隔与临时实体类型，使它产生三种不同类型的产品。双击发生器，打开属性窗口。

按下"到达时间间隔"下拉菜单中的箭头，选择"统计分布"选项（见图 8-7）。

图 8-7 发生器参数视窗

现在，按下到达时间间隔下拉菜单中的箭头，选择"正态分布"选项，按图 8-8 所示进行修改。

将分布函数设置为 normal。
均值(Mean)设置为 20。
标准差(Std Dev)设置为 2。
随机数流(Stream)设置为 0。
这将使到达时间间隔的均值指定为 20 秒，标准偏差为 2。

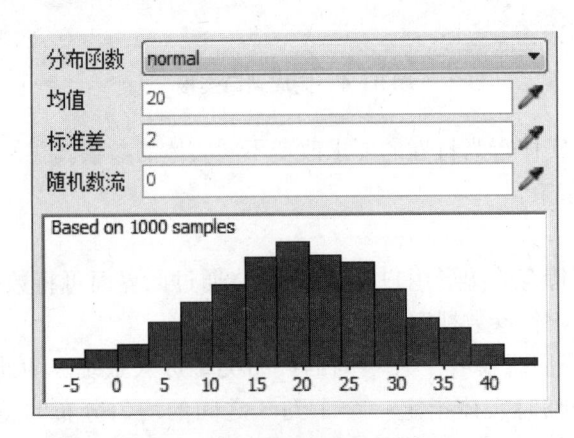

图 8-8 设置"正态分布"选项

下面我们需要为临时实体指定一个实体类型,使进入系统临时实体的类型服从以1到3之间的均匀分布。最好的做法是在发生器的"离开触发器"中改变实体类型。

第5步:设定临时实体类型和颜色

选择发生器的触发器选项卡。打开"离开触发器"下拉列表,选择设置临时实体类型和颜色,弹出代码模板窗口(见图8-9)。

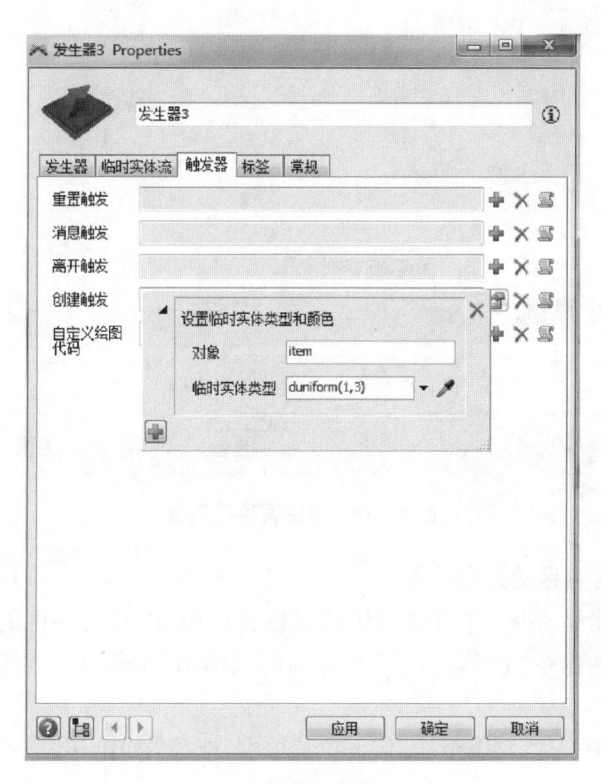

图8-9 设定临时实体类型和颜色

离散均匀分布与均匀分布相似,但返回的不是给定的参数之间的任意实数值,而是离散整数值。默认值可以直接用于此案例。

下一步是详细设定暂存区参数。由于暂存区是在临时实体被处理器处理前存放临时实体的场所,因此需要做两件事。首先,需要设定暂存区最多可容纳25个临时实体的容量。其次,设定临时实体流选项,将类型1的实体发送到处理器1,类型2的实体发送到处理器2,依此类推。

第6步:设定暂存区容量

双击暂存区,打开暂存区参数视窗(见图8-10)。

改变最大的容量为25.00。选择 应用 按钮。

图 8-10　设定暂存区容量

第 7 步：指定暂存区的路径分配

在 3D 视图点击暂存区，在出现的快捷属性窗口中，设置暂存区的临时实体流属性。或者，在实体的属性框中进行设置。选择"临时实体流"分页来设置该暂存区的实体流选项。

在"输出"面板中，在"发送至端口"下拉菜单中，选择"getitemtype(item)（按临时实体类型（直接））"选项。

图 8-11　设定暂存区的路径分配

由于已经指定了一个临时实体的类型参数等于1、2或3,我们现在可以用临时实体的类型来选定临时实体要通过的端口号。处理器1应被连接至端口1,处理器2应被连接至端口2,处理器3应被连接至端口3。

选择了"getitemtype(item)"选项后,按"确定"按钮关闭该暂存区的参数视窗。

第8步:为处理器指定操作时间

在3D视图中点击暂存区,在出现的快捷属性窗口中定义处理器的加工时间。

或者,可以在实体的属性窗口中进行设置(见图8-12)。

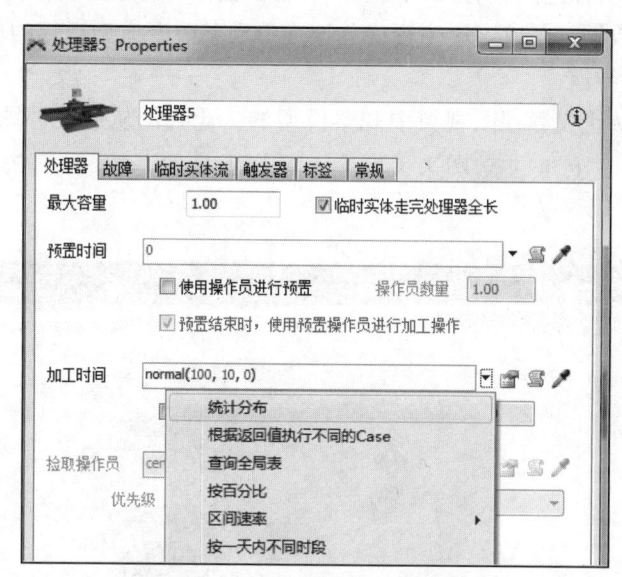

图8-12 设定处理器的操作时间

在"加工时间"下拉菜单中选择统计分布,在统计分布小窗口中设置分布函数,选择exponential;渐位线比例随机数流设置为0.0。渐位线比例随机数流为30;渐位线比例随机数流为0,如图8-13所示。

对其他两个处理器重复以上操作。

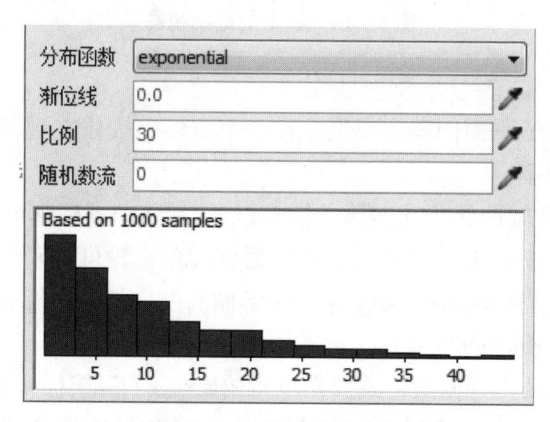

图8-13 选择统计分布

按"确定"按钮关闭视窗。对其他的处理器重复上述过程。

因为输送机的默认速度已经设为每时间单位为1,所以这次不需要修改输送机的速度。

第9步:重置与运行模型

在运行模型前点击 ▷重置 ,把系统和模型参数返回至初始状态。

点击 ▷▷运行 ,运行模型。

可以看到临时实体进入暂存区,并且移动到处理器。从处理器出来,实体将移动到输送机,然后进入吸收器。可以通过主视窗的速度滑动条改变模型运行的速度。

第10步:模型导航

当前,我们是从正投影视图视窗中观察模型的。让我们从透视视图中来观察它。选择正投影视图视窗右上角的 ☒ 图来关闭它。选择工具条上的 ⊞透视 按钮打开透视视图(见图8-14)。

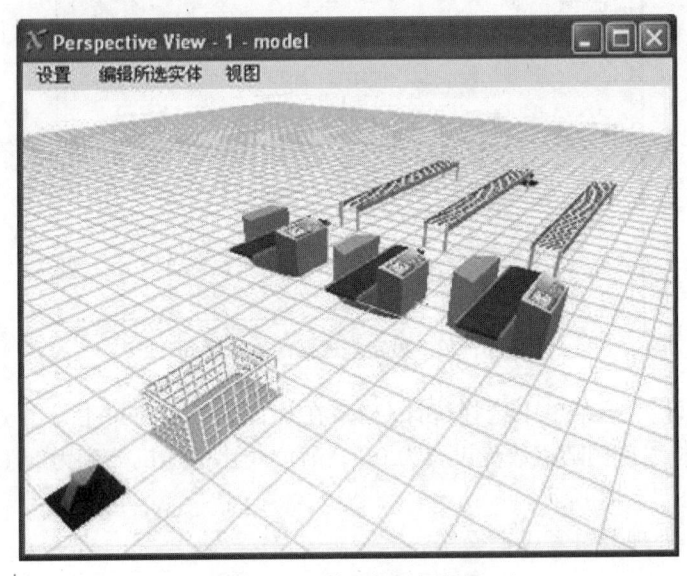

图8-14 模型的透视视图

鼠标导航:

鼠标左键:在 X-Y 平面内移动模型。在一个实体上按住左键,然后移动鼠标可以在 X-Y 平面内移动该实体。

鼠标右键:X、Y、Z 轴旋转。在实体上按右键,然后移动鼠标则可以旋转此实体。

鼠标左右键(或鼠标滚轮):通过向前和向后旋转鼠标轮可以轻松地调整镜头的远近。如果有一个实体被当前选中,则将会改变它的 Z 向高度。如果鼠标有滚轮,则可以转动鼠标滚轮代替鼠标左右键同时点击。

F7键:F7键可启动飞行俯瞰模式。在飞行俯瞰模式下,鼠标指针在视窗中心线上方时图形向上移动,鼠标在中心线下方时图形向下移动,鼠标在中心线左边时,图形向左旋转,鼠标在中心线右边时图形向右旋转,欲退出飞行俯瞰模式时按F7键。这种方式需要通过一些练习才能掌握。如果模型丢失,可以按 F7 键停止飞行俯瞰模式,并按右键选择下拉菜单中的 Reset View 键重新找到要观察的模型。

第 11 步:查看简单统计数据

图 8-15 显示了每个实体的简单的数据统计。如果没有任何东西显示出来或者只显示出名字,可以通过视图设置来显示统计数据。要改变视图设置,在空白处右击,点击视图设置>显示名字和统计数据。

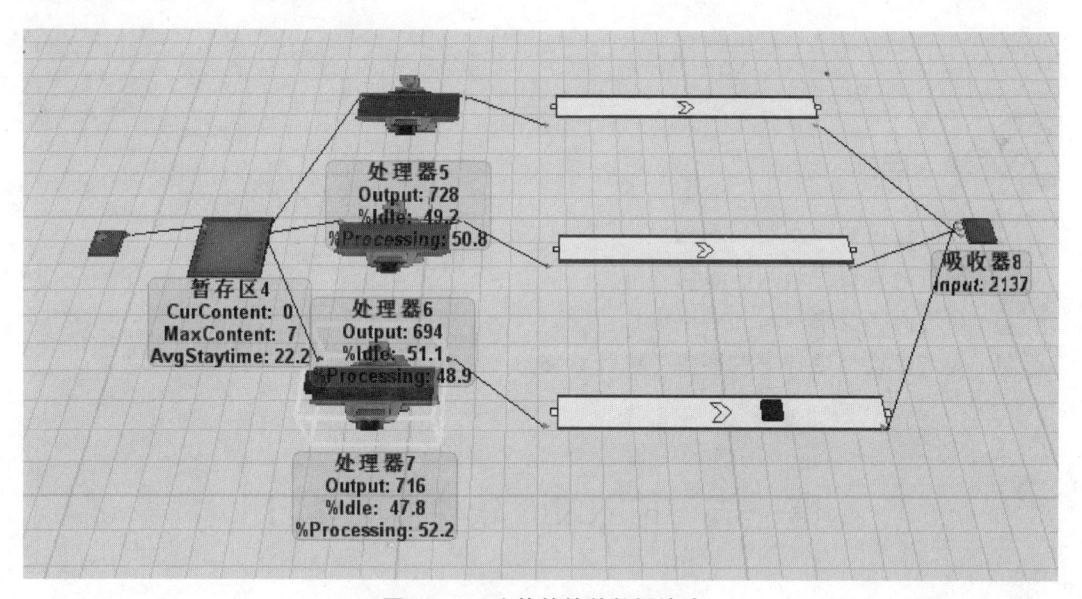

图 8-15 实体的简单数据统计

为了观察每个实体的简单统计数据,选择视窗上的设置菜单,取消对"隐藏名称"选项的选择。正投影视图的默认状态是显示名称的,而透视视图在默认状态下是隐藏名称的。

第 12 步:保存模型

可使用"文件>模型另存为…"来保存模型,并命名为模型 1。

第九章 操作员、输送机的使用

学习目标

1. 如何访问实体参数和属性。
2. 如何向模型中加入一组操作员。
3. 如何向模型中加入叉车运输机。
4. 如何在模型运行中观察实体统计数据。

第一节 FlexSim 软件概念学习

本章将介绍向一个模型中加入操作员和输送机的概念，并且更加详细、深入地介绍实体属性与参数，此外还将介绍图形化统计结果输出功能。本章将以第八章中的模型作为起点。

一、实体属性

现在更系统地介绍实体属性和参数视窗。每个 FlexSim 实体都有一个属性视窗和一个参数视窗。作为一个建模人员，需要彻底理解实体属性和实体参数的不同。要访问属性，右键点击模型视窗中的一个实体并选择属性（见图 9-1）。

二、实体属性参数

每个 FlexSim 实体的属性都是相同的。在属性中有 4 个分页：视景、常规、标签和统计。每个分页包含所选的 FlexSim 实体的附属信息。

常规属性：常规属性分页包含实体的常用信息，如名称、类型、位置、端口连接、显示标记和使用者描述（见图 9-2）。

图 9-1 右键点击实体时出现的菜单

视景属性:视景分页允许建模人员指定视觉特性,如 3D 形状、2D 形状、3D 纹理、颜色、位置、尺寸、转角和用户绘图代码。位置、尺寸和转角反映实体的当前属性(见图9-3)。建模人员可在相关字段中修改这些属性值,也可以在模型界面视窗中用鼠标来改变这些属性。

图 9-2 常规属性 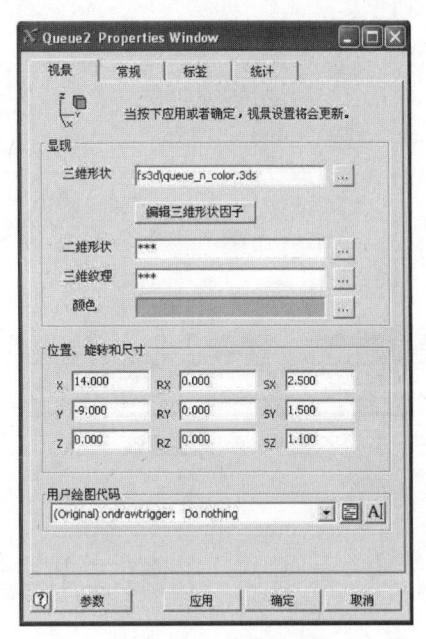　　　　　　　　　　图 9-3 视景属性

标签属性:标签分页显示用户定义的给实体指定的标签。标签是建模人员用来存放临时数据的一种机制。一个标签有两部分:名称和标签值(见图9-4)。名称可以任意命名,标签值可以是数字或文字数字(包含文字和数字的字符串)。如需添加一个纯数字标签,点击底部的"添加数值标签"按钮。同样地,如果需要一个标签保存数字和字母,则点击"添加文本标签"按钮,然后可用该表修改此标签的名称和标签值。

也可以在模型运行中动态地更新、创建或删除标签。此分页将显示所有标签和它们的当前值。所有信息在模型运行中实时显示。这些信息对建模人员测试逻辑、调试模型很有帮助。

统计常规属性:显示实体的当前数量、停留时间、状态和吞吐量等基于时间的统计结果(见图9-5)。"设置"选项允许用户确定显示在当前数量和停留时间图表中的数据个数。

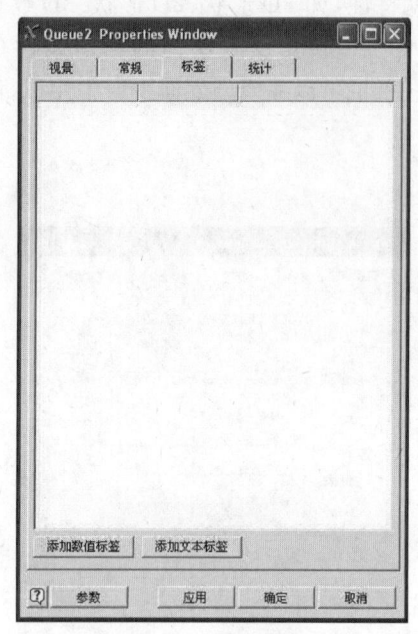

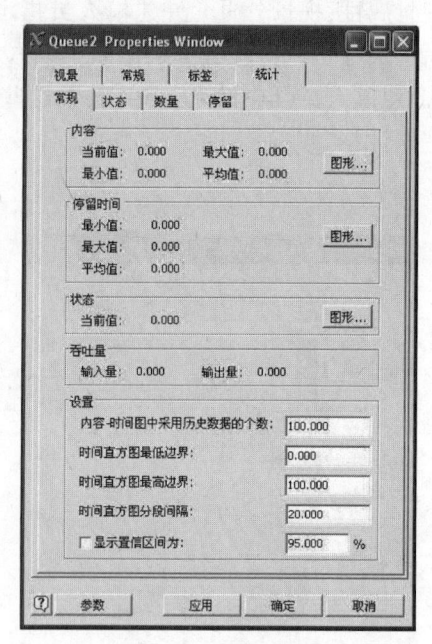

图 9-4 标签属性　　　　图 9-5 统计属性

第二节　建模与实验

模型 2 中将采用一组操作员来为模型中的临时实体的检验流程进行预置操作。检验工作需要两个操作员之一来进行预置。预置完成以后，就可以进行检验了，无须操作员在场操作。操作员还必须在预置开始前将临时实体搬运到检验地点。检验完成后，临时实体转移到输送机上，无须操作员协助。

当临时实体到达输送机末端时，将被放置到一个暂存区内，叉车从这里将其捡取并送到吸收器。观察模型的运行，可能会发现有必要使用多辆叉车。当模型完成后，查看默认图表和曲线图并指出关注的瓶颈或效率问题。图 9-6 是模型 2 的流程图。

模型 2 参数设置：

检测器的预置时间：常数值为 10 秒；

产品搬运：操作员从暂存区到检测器。叉车从输送机末端的暂存区到吸收器；

输送机暂存区：容量＝10。

建模步骤如下。

第 1 步：装载模型 1 并编译

选用工具条上的打开 打开 按钮来装载模型 1。选择第 1 课中存储的模型 1 的文件(.fsm file)。装载后，按下工具条上的编译按钮。切记，在运行模型前必须进行编译。

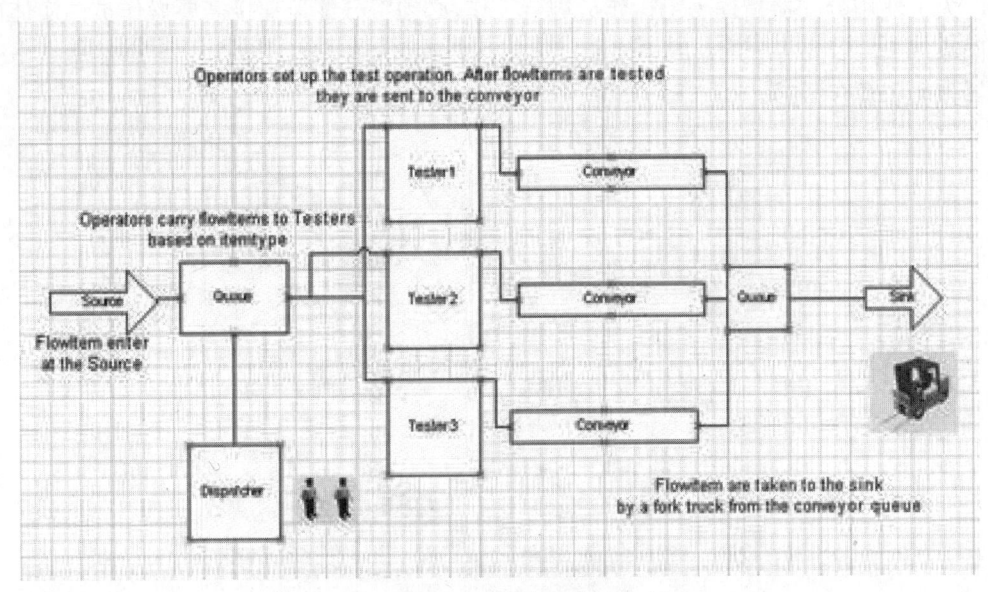

图 9-6　模型 2 图示

第 2 步：向模型中添加一个分配器和两个操作员

分配器用来为一组操作员或运输机进行任务序列排队。在该例中，它将与两个操作员同时使用，这两个操作员负责将临时实体从暂存区搬运到检测器。从库中点击相应图标并拖放到模型中，即可添加分配器和两个操作员，如图 9-7 所示。

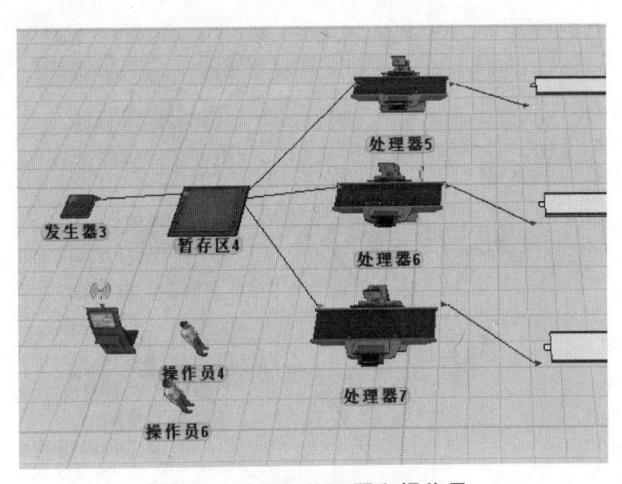

图 9-7　添加分配器和操作员

第 3 步：连接中间和输入/输出端口

暂存区将要求一个操作员来拣取临时实体并送至某个检测器。临时实体的流动逻辑已经在第 1 课中的暂存区设置好了，无须改变。只需请求一个操作员来完成该任务。由于使用两个操作员，需要采用一个分配器来对请求进行排队，然后选择一个空闲的操作员来进行这项工作。如果只有一个操作员，就不需要分配器了，可以直接将操作员和暂存区连接在一起。

为了使用分配器指挥一组操作员进行工作,必须将分配器连接需要操作员的实体的中间端口上。若要将分配器的中间端口连接到暂存区,则按住键盘上的 S 键然后点击分配器拖动到暂存区(见图 9-8)。

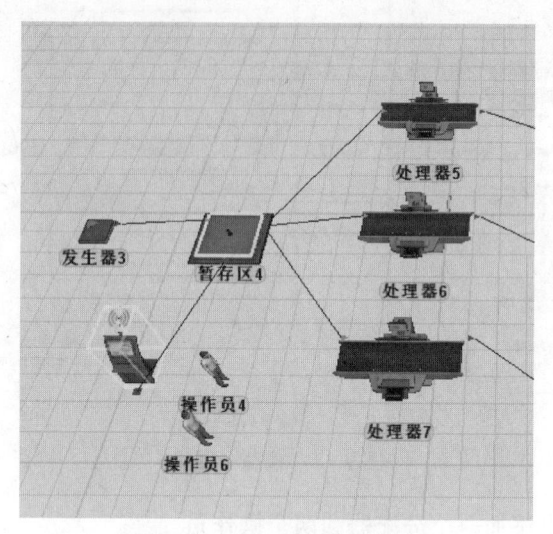

图 9-8 按 S 键并点击拖动

释放鼠标,就建立了一个从分配器中间端口到暂存区中间端口的连接(见图 9-9)。

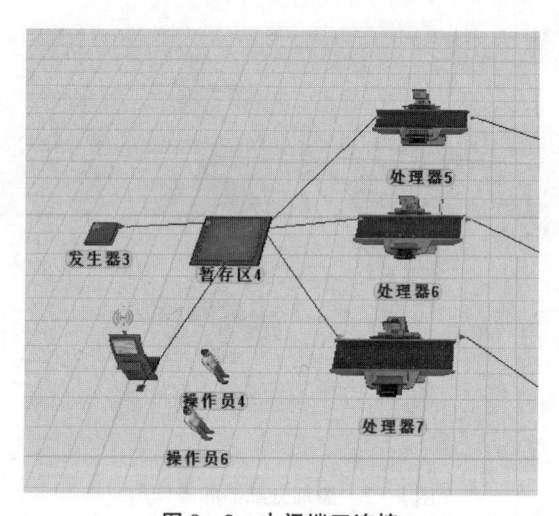

图 9-9 中间端口连接

中间端口位于实体底部中间位置。很明显,它并非输入或输出端口。

为了让分配器将任务发送给操作员,须将分配器的输出端口与操作员的输入端口连接。实现方法是,按住键盘 A 键并点击分配器拖动到操作员,如图 9-10 所示。必须对每个操作员进行此操作。连接如图 9-11 所示。

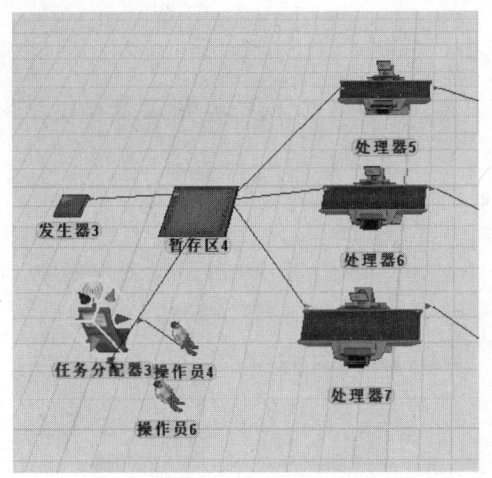

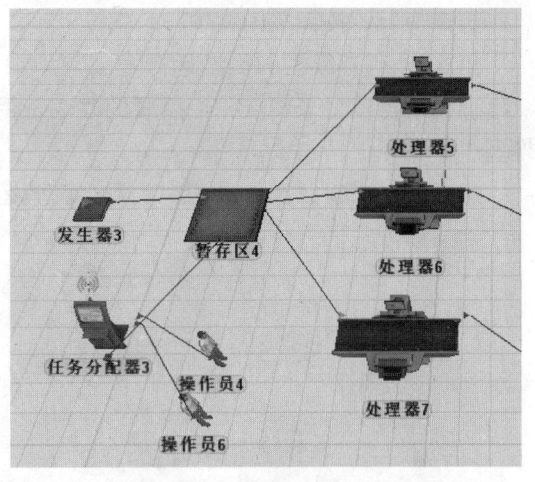

图 9-10　A 键点击拖动　　　　图 9-11　分配器输出端口连接到操作员输入端口

第 4 步：编辑暂存区临时实体流设置使用操作员

（1）修改暂存区临时实体流属性来使用操作员完成搬运任务。

可以通过快捷属性窗口完成，也可以通过实体的属性窗口完成。可以双击暂存区，打开属性窗口。

（2）点击"临时实体流"选项卡。

（3）选择"使用运输工具"。请求运输工具下拉列表变为可用（见图 9-12）。这个下拉列表将根据端口号来选择利用哪台叉车或哪个操作员去搬运临时实体。在本例中，它被连接到分配器，由分配器将任务分配给操作员，所以默认设置即可。

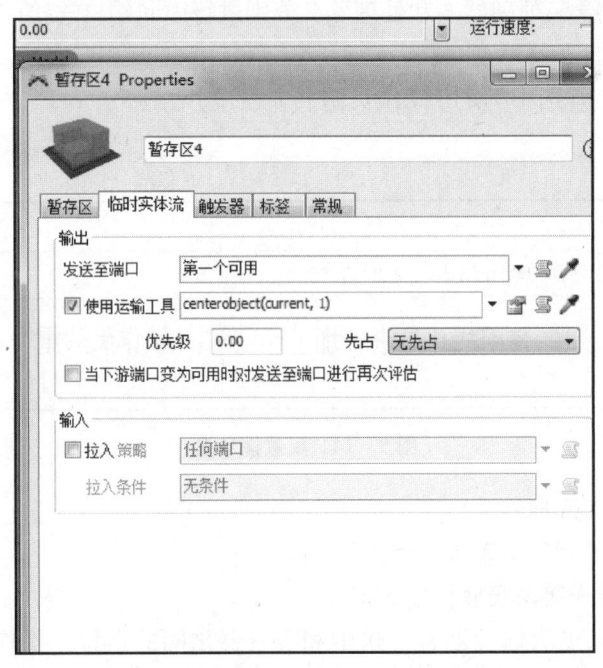

图 9-12　选中"使用运输工具"复选框

选择"确认"按钮关闭视窗。

第 5 步：保存模型和测试运行

现在运行模型来确认我们所做的改变是否生效。重置模型，然后按 [保存] 按钮保存此模型。

运行模型来验证操作员正在从暂存区搬运临时实体到检测器（见图 9-13）。

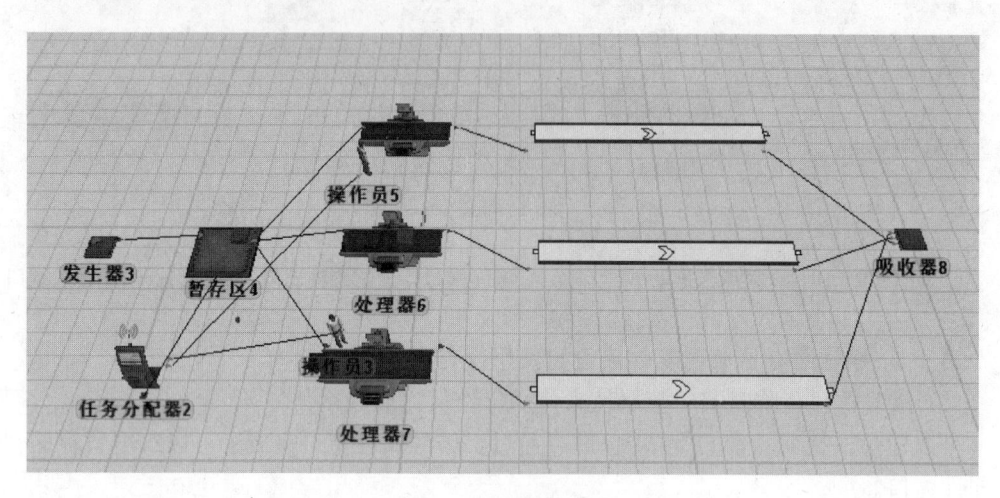

图 9-13 测试运行

第 6 步：配置操作员

为了使检测台使用操作员进行加工，必须把每个检测台和分配器进行中间端口连接，然后配置处理器调用操作员。

分配器与处理器 5、处理器 6 和处理器 7 分别进行中间端口连接（S 键）。

双击处理器 5 打开属性窗口。

在处理器选项卡，选中"使用操作员进行加工"（见图 9-14）。"操作员数量"变为可用。

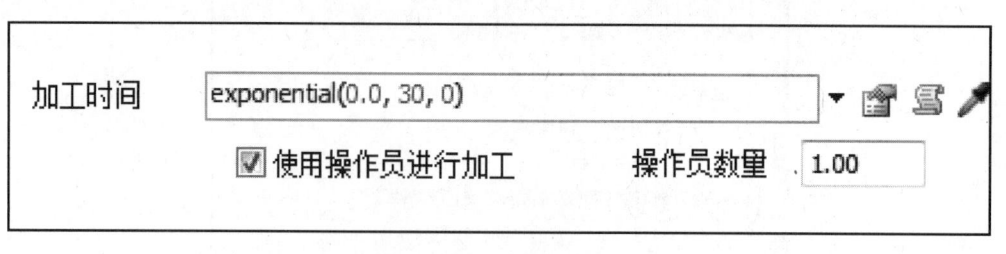

图 9-14 配置操作员

点击确定按钮关闭属性窗口。

对处理器 6 及处理器 7 重复上面操作。

第 7 步：断开传送带与吸收器的连接

应在添加传送带暂存区前断开传送带和吸收器之间的连接。操作是：按住 Q 键，点击传送带拖拽至吸收器。

分别断开传送带 1,传送带 2,传送带 3 与吸收器的链接(Q 键)。
从库中拖动一个暂存区放置在传送带的右边,命名为传送带暂存区。
将传送带 1、传送带 2、传送带 3 连接至传送带暂存区(A 键)。
连接传送带暂存区至吸收器(A 键)。
完成后,模型的布局如图 9-15 所示。

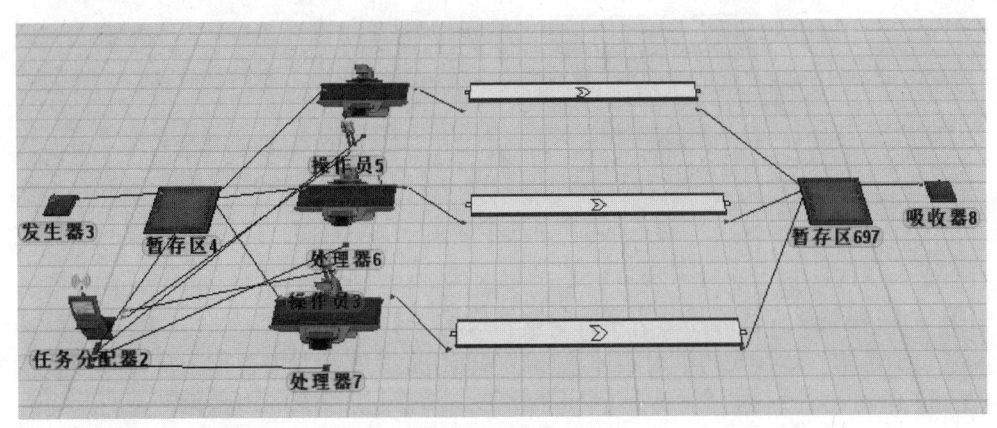

图 9-15 连接完成

现在已修改了模型布局,并创建了端口连接,可以添加叉车了。

第 8 步:添加运输机

在模型中添加叉车,将临时实体从输送机暂存区搬运到吸收器,这和添加操作员完成输入暂存区到检测器之间的临时实体搬运是一样的。由于此模型中只有一辆叉车,所以不需要使用分配器,直接将叉车连接到暂存器的一个中间端口。

从库中拖出一个叉车输送机放置到模型视窗中(见图 9-16)。

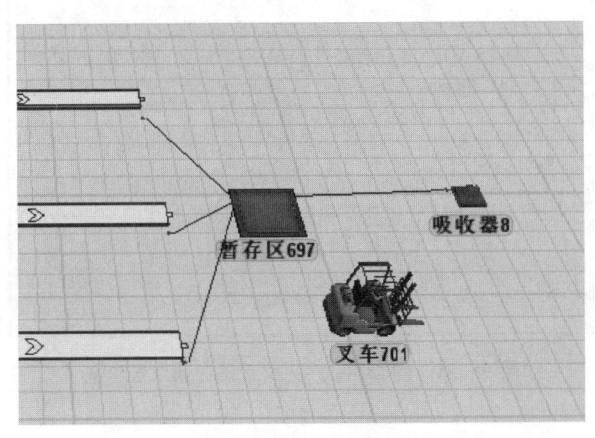

图 9-16 添加叉车

添加叉车后,将暂存区的中间端口连接到此叉车。按住键盘 S 键点击暂存区拖动到叉车。
完成后,模型如图 9-17 所示。

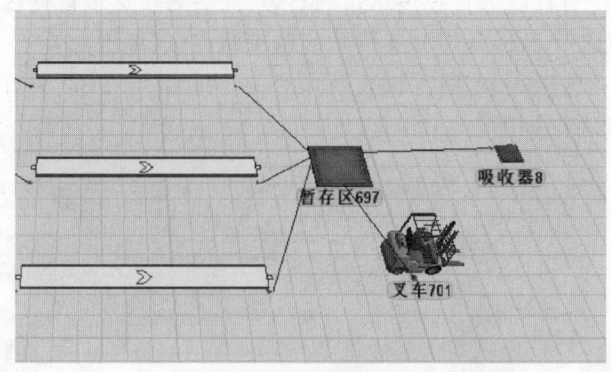

图 9-17 连接叉车

第 9 步：调整暂存区的临时实体流参数来使用叉车

下一步是调整暂存区的临时实体流参数来使用此叉车。双击暂存区打开其参数视窗（见图 9-18）。

选择"临时实体流"分页并选中"使用运输工具"复选框。暂存区的中间端口已经被连接上，因此无须其他调整。点击"确认"按钮关闭视窗。

图 9-18 暂存区的"使用运输工具"复选框

重置并保存模型。

第 10 步：运行模型

这一步是建立本模型的收获部分，现在可以检验此模型是否如我们所愿地运行。在模型运行中，可使用动画显示来直观地检查模型，看各部分是否运行正常（见图 9-19）。

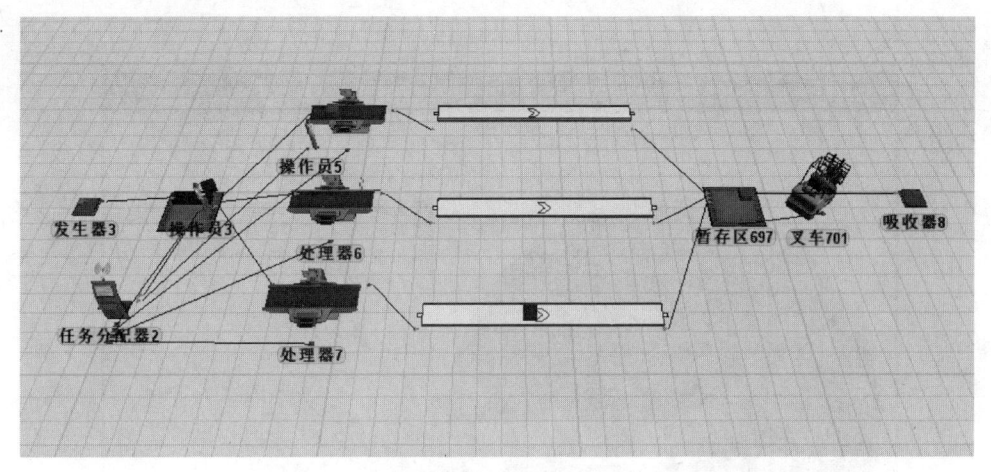

图 9-19 运行模型

应能看到操作员来回走动,叉车在暂存区和吸收器之间搬运临时实体。

可以看到当一个检测器在等待操作员进行预置时,一个黄色的方框显示在检测器下。

第 11 步:输出分析

根据此模型简介中的步骤,在统计主菜单中打开所有实体的记录。再次运行模型,即可在属性窗口中查看实体统计(见图 9-20)。通过观察动画和图表(见图 9-21~图 9-23),判断此模型是否有瓶颈。

图 9-20 查看实体统计

— 129 —

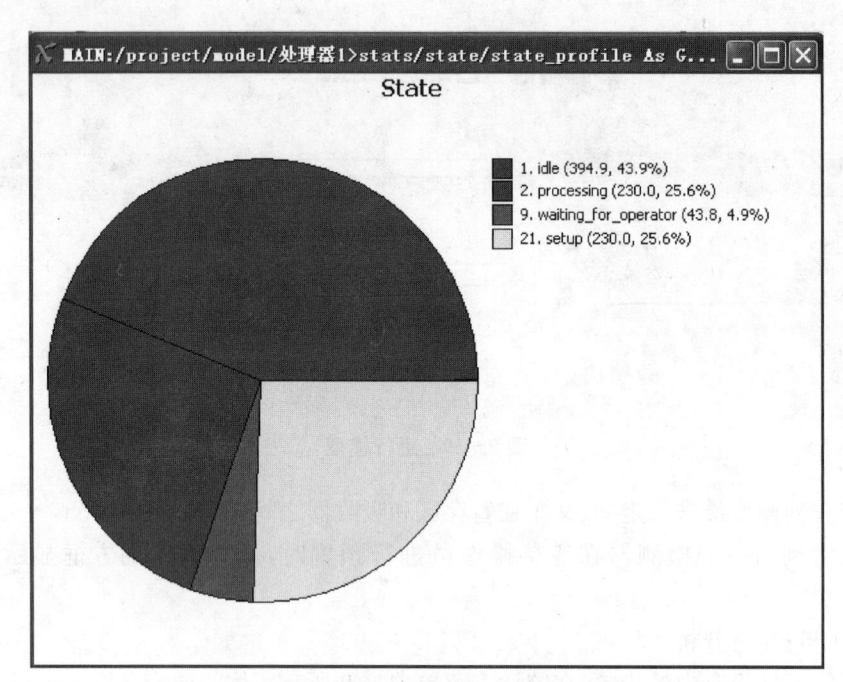

图 9-21 处理器的饼状图

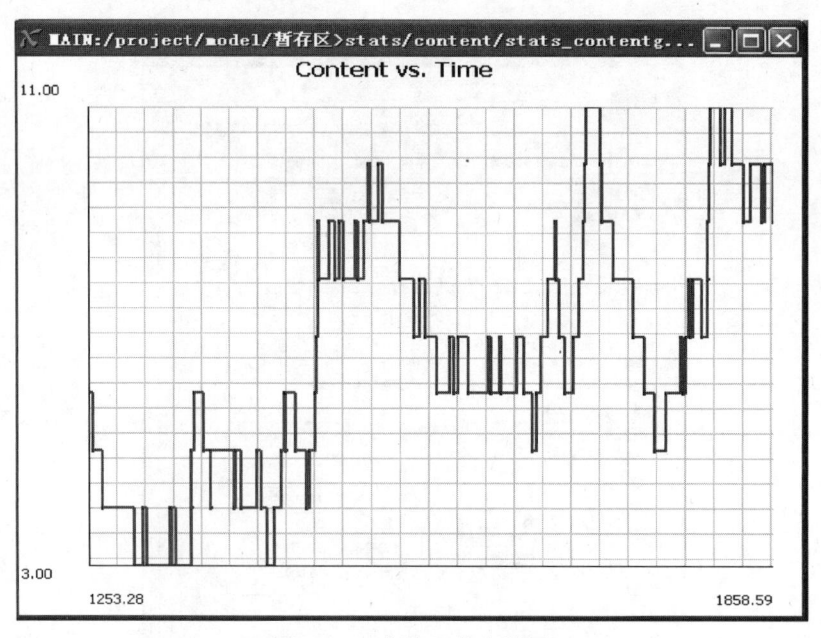

图 9-22 暂存区的存储量

图 9-23　等待时间

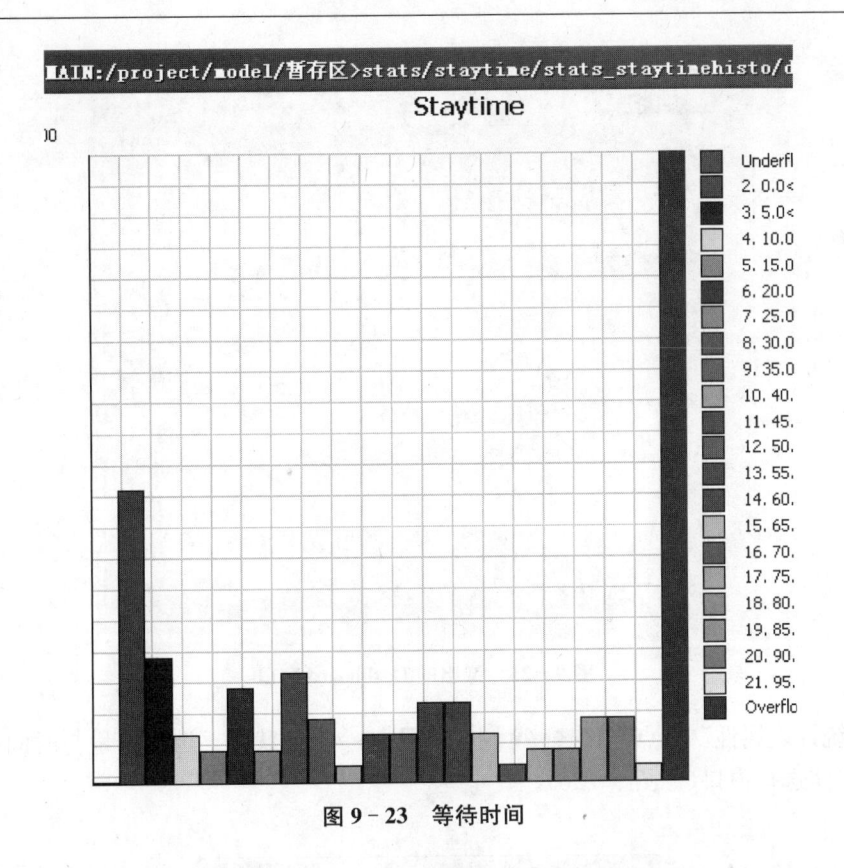

但是,其他处理器和另一个暂存区是什么状况呢? 也可能需要关于操作员的信息。可以让每个实体记录它自己的数据,并一个个地查看图表。但是,随着实体数量的增长,这种方法变得越来越不方便。一个更好的选择就是使用 Dashboard,下一节将介绍如何使用 Dashboard。

第三节　Dashboard 使用

仿真时,使用 Dashboard,可以记录多个实体自己的数据,并方便实时查看。

打开本章模型,从统计菜单中选择 Dashboard,或者从上面菜单栏中选择 Dashboard(见图 9-24),就会弹出 Dashboard 窗口选择(见图 9-25)。

图 9-24　选择 Dashboard

图 9-25 弹出的 Dashboard 窗口

在"统计表属性"中,点击 容量 vs 时间 按钮,添加一个线状图。选择容量与时间,就会弹出一个实体选择窗口(见图 9-26)。

图 9-26 选择容量与时间

点击 ➕ 向图表中添加实体。添加暂存区(Queue),点击"选中"按钮(见图 9-27)。

图 9-27 添加暂存区

把 Dashboard 的名字改为暂存区容量 vs 时间(Queue Content vs Time)。
点击"确定",保存修改并关闭窗口,显示如图 9-28 所示。

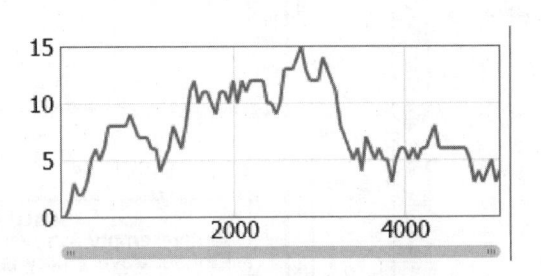

图 9-28 暂存区容量 vs 时间

添加一个 Dashboard,来实现暂存区的平均停留时间(Average Staytime),和上面的相同,添加一个新的 Dashboard,放置在容量图表的下面。唯一不同的地方就是,需要往 Dashboard 中拖拽一个 Average Staytime Bar Graph(平均停留时间图表),然后把图表的名字修改成"暂存区平均停留时间"(见图 9-29)。

为每个操作员添加状态饼状图,如图 9-30 所示。

与上面的步骤相同,为每个操作员添加一个状态饼图。在库中选择 State Pie(状态图),并拖拽到 Dashboard 中,更名为 Operator State Pie(操作员状态图)。

当重置并运行时,饼状图即如图 9-31 所示。

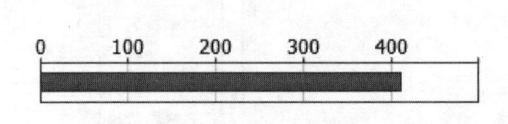

图 9-29　暂存区平均停留时间

图 9-30　为每个操作员添加状态饼状图

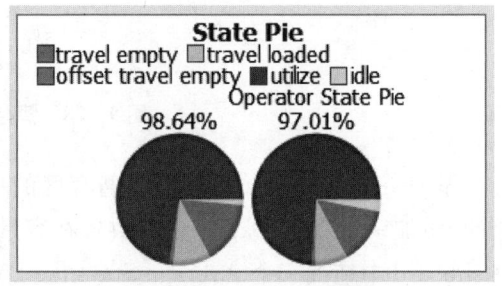

图 9-31　操作员的状态饼状图

第十章 网络节点与输出报告

学习目标

1. 如何使用全局表定义路径。
2. 如何为一个运输机设定行进路径网络。
3. 如何在一个行进路径网络中创建样条线。
4. 如何建立一个定制的输出报告。
5. 如何执行模型的多次运行。

本课将介绍货架、网络节点和样条线节点实体的使用。

第一节 样条线节点

在 FlexSim 中,在布置行进路径网络的时候使用样条线节点。使用样条线可以轻松设置路径的转弯、上升、下降。

当在模型中放置两个网络节点并进行 A 连接时,将显示一条黑色的路径(见图 10-1)。另外,在线的 1/3 及 2/3 的位置上出现两个带箭头的绿色小框。

图 10-1 A 键连接网络节点

绿色小框代表那个方向的路径属性。绿色表示路径通行,黄色表示移动工具之间不可以相互超越,红色表示"无连接"或换句话说,移动工具可以反方向单线行驶。要切换颜色,可以右键点击节点,选择相应的选项。当选择下拉菜单中的"弯曲"时,会出现两个样条线节点,通过移动样条线节点,可以将路径弯曲,如图 10-2 所示。也可以使用行走路径菜单设置默认的连接方式。

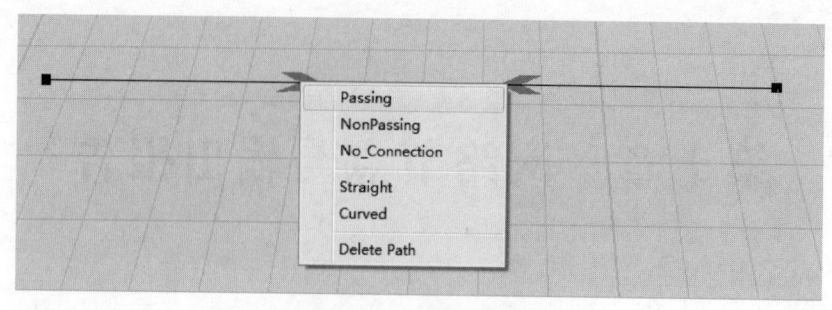

图 10-2 下拉菜单

一旦创建了"弯曲"类型的路径,就可以使用鼠标移动出现的小控制点了(见图 10-3)。

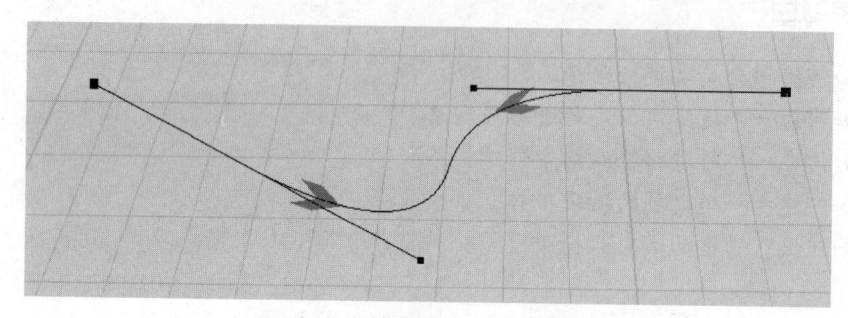

图 10-3 创建"弯曲"类型的路径

要改变样条线节点的 Z 轴高度,单击,然后上下滑动鼠标滚轮即可(见图 10-4)。

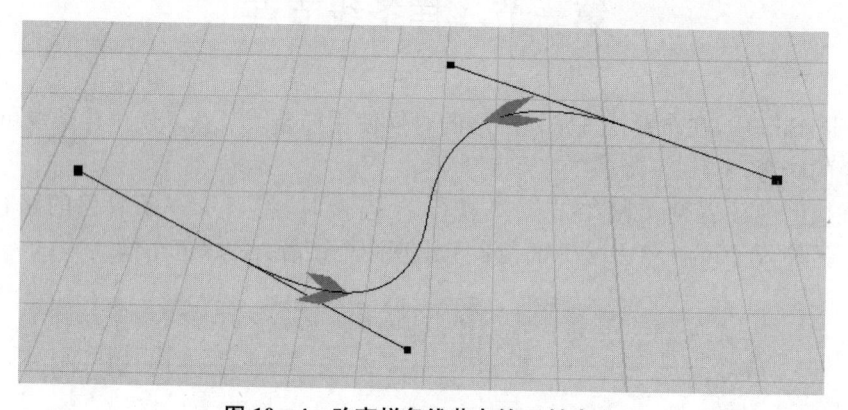

图 10-4 改变样条线节点的 Z 轴高度

通过配置网络节点来设置路径方向。在带颜色的小方块上右击,就会出现一个菜单,通过它即可设置路径。或者直接按下 X 键,然后单击颜色小方块(见图 10-5)。

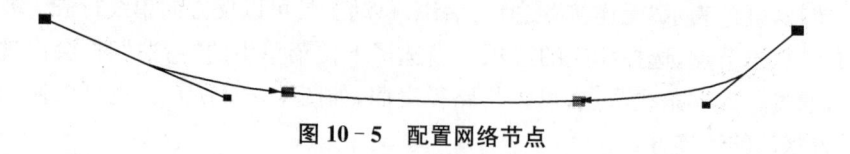

图 10-5 配置网络节点

当一条路径使用样条线路径时,那么运输工具就会自动沿着定义的样条线行走。按住 X 键,同时点击其中一个网络节点,就可以隐藏或显示样条线控制点或者带颜色的方块(见图 10-6)。

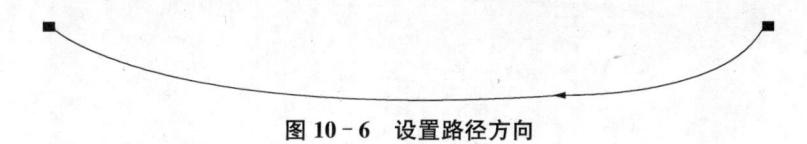

图 10-6 设置路径方向

第二节 建模与实验

在开始建立模型 3 之前,需要打开第九章的模型。

第 1 步:打开第九章的模型

如果模型 2 没有处于打开的状态,请打开。

第 2 步:重新配置传送带 1 与传送带 3 的布局

现在将要改变三个传送带的布局,使它们的末尾部分呈现弯曲状,从而使临时实体到达传送带暂存区的距离更近。主要操作如下:

从实体库中将弯曲传送带拖曳到工作区里(见图 10-7),打开弯曲传送带 1 的快捷窗口。

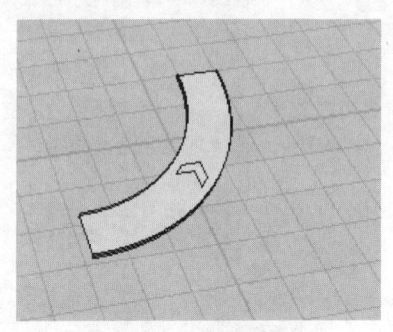

图 10-7 弯曲传送带

可以拖动传送带两端的" "来调整传送带的方向和半径,也可以通过快捷属性窗口设置。

将直线传送带和弯曲传送带分别链接起来。

第 3 步:删除吸收器

选中吸收器,按 Delete 键。

当删除一个实体后,所有从此实体连出和连入的连接都同时被删除。正因为这个原因,这可能会影响到与被删除实体相连的实体的端口序号。

第 4 步:创建三个货架

创建 3 个货架,将它们排列至传送带暂存区的右边(见图 10-8),依次命名为货架 1、货架 2 和货架 3。货架距离传送带暂存区要足够远,这样叉车就可以运行一段距离后到达货架。

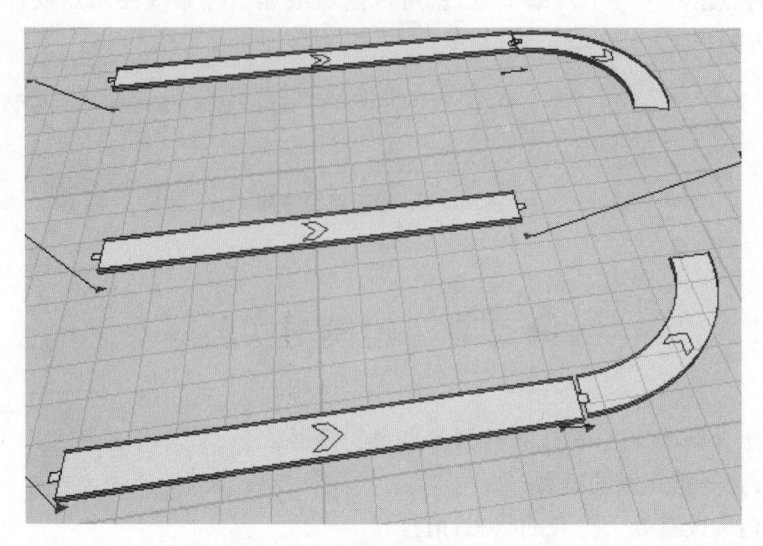

图 10-8 调整传送带的方向和半径

将传送带暂存区分别与货架 1、货架 2 和货架 3 连接(A 键),如图 10-9 所示。

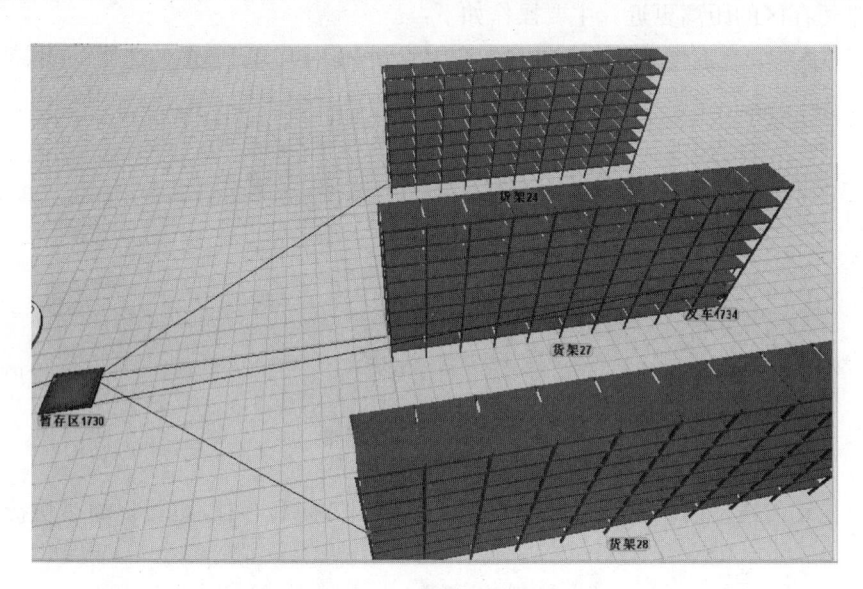

图 10-9 创建三个货架

第 5 步:创建控制临时实体路径的全局表

创建一个全局表,定义每个临时实体将被送到哪个货架(换句话说,临时实体将从传送带暂存区的哪个输出端口离开)。这里假设,输出端口 1 连接到货架 1,输出端口 2 连接到货架 2,输出端口 3 连接到货架 3。如果连接顺序不对,可以通过属性框的常规选项卡进行调整。

本模型将把所有类型为 1 的临时实体送到货架 2,所有类型为 2 的临时实体送到货架 3,所有类型为 3 的临时实体送到货架 1。

下面是创建全局表的步骤：

点击工具,点击"➕▾"将鼠标放置在"全局表"上,然后点击添加,如图 10-10 所示。

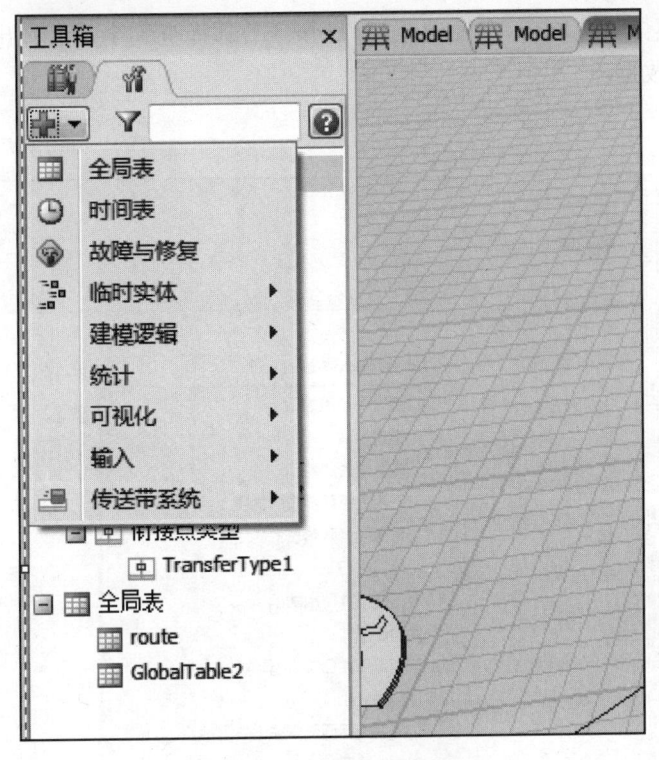

图 10-10 创建一个全局表

将名称(Name)改为 route。

将行数设置为 3,列数设为 1。

双击行表头(Row1、Row2、Row3)并将它们命名为 Item 1、Item 2 和 Item 3,然后输入我们希望临时实体离开的输出端口号(货架号),如图 10-11 所示。

点击关闭按钮。

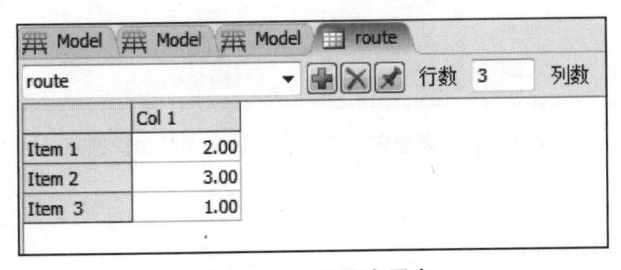

图 10-11 设置全局表

现在全局表定义完成,点击关闭按钮,下一步是调整暂存区上的发送至端口选项。

第 6 步:调整传送带暂存区的发送至端口选项

在 3D 视图中点击暂存区,在显示的快捷属性窗口中设置传送带暂存区的临时实体流和运输选项。

另外,也可以打开实体的属性窗口直接进行设置。

双击传送带暂存区,弹出属性窗口。

点击临时实体流选项卡,在发送至端口列表中,选择查询全局表弹出代码模板窗口。按图10-12修改选项。

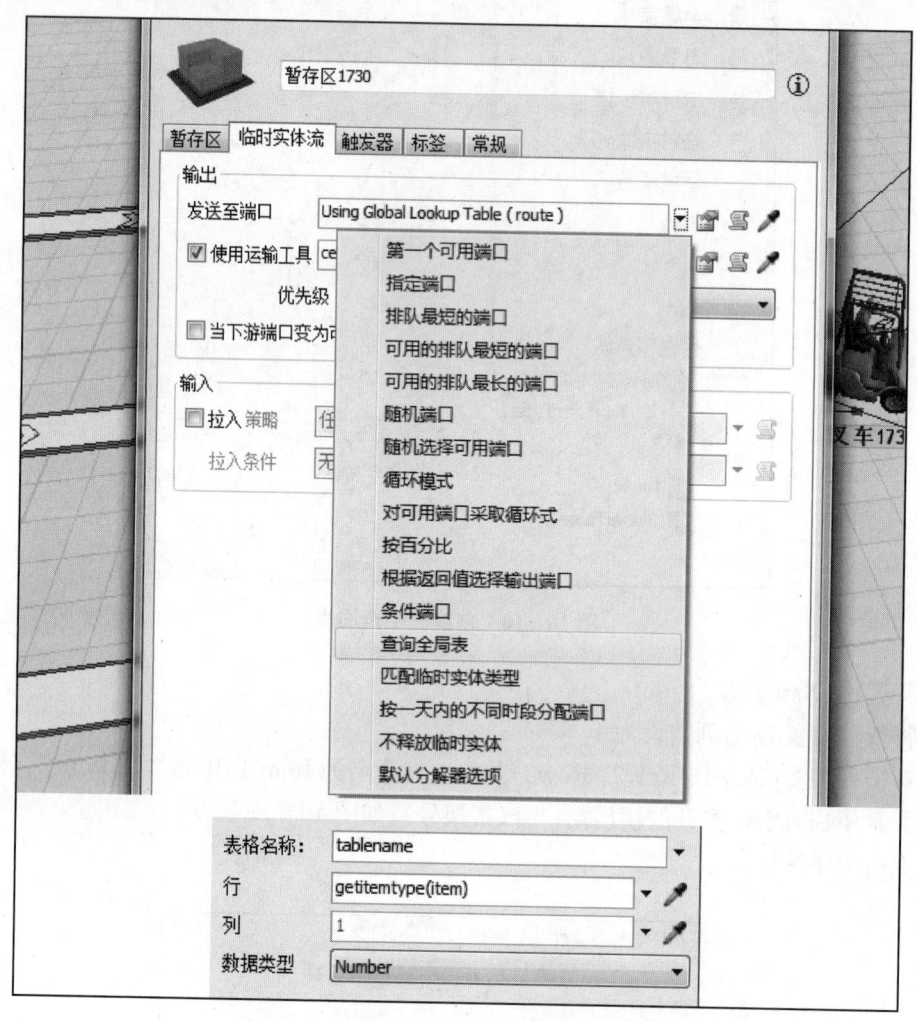

图10-12 调整传送带暂存区的发送至端口选项

点击"确定",关闭窗口。

第7步:重置、保存、运行

重置、保存、运行模型来验证对模型的改动是否发生作用。模型应显示叉车正在将临时实体搬运到货架中,货架的选择是基于在全局表中临时实体的类型,如图10-13所示。

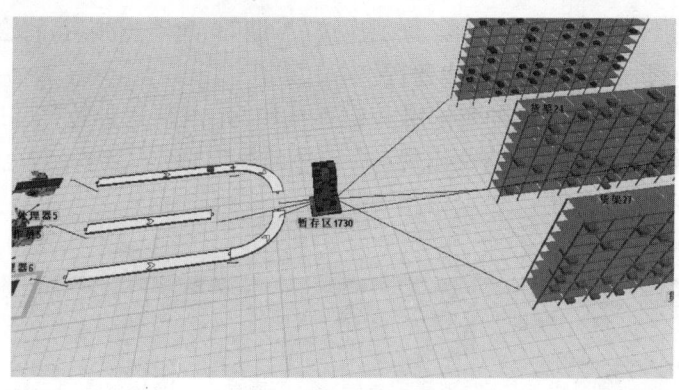

图 10-13 运行模型

第 8 步:为叉车创建一条网络路径

网络节点用来为所有任务执行类实体,如叉车、操作员、堆垛机、起重机等,创建网络路径。前面已经学习了操作员和叉车如何在模型中运输临时实体,但是没有对它们的路径进行关注。现在,我们想把叉车从暂存区到货架的行驶路径进行固定。以下步骤用于创建简单的路径。

(1) 从实体库中拖拽网络节点到模型中。把它们放到传送带暂存区和每个货架旁边(见图 10-14),分别命名为 NN1、NN2、NN3、NN4。这些节点将作为模型中的装载位置和卸载位置。可以在这些节点之间再添加几个节点,但是没有必要。

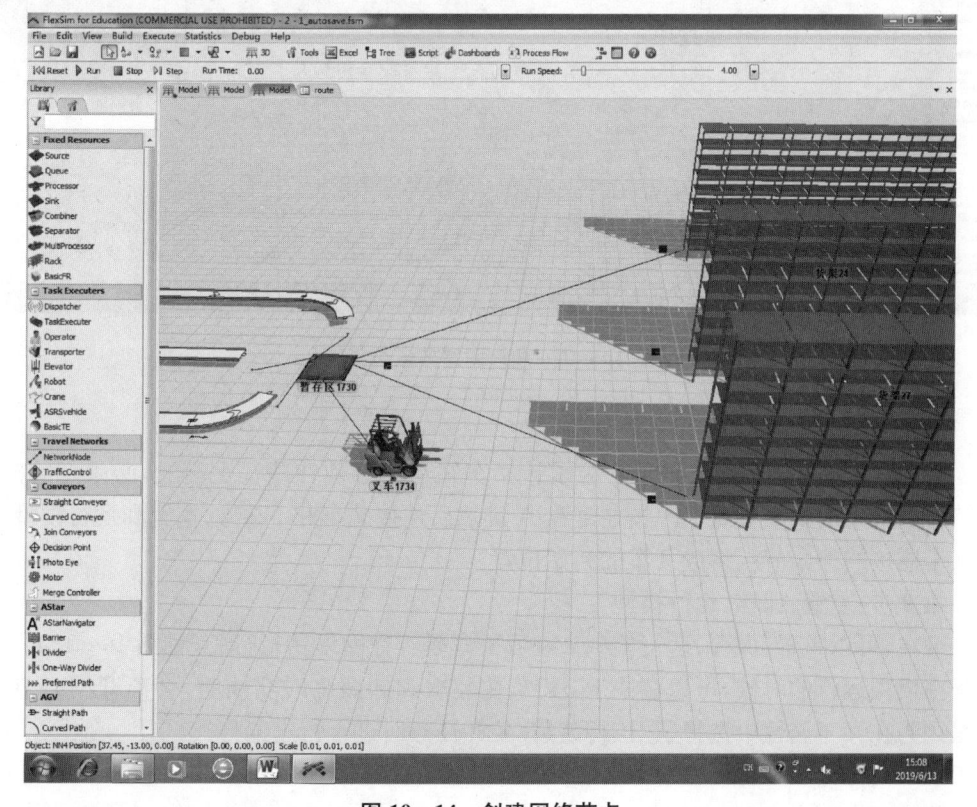

图 10-14 创建网络节点

（2）NN1 与 NN2、NN3、和 NN4 分别连接（A 键）。建立连接后，将会显示带有两条绿色指示框的连线，表示路径为双向通行。

（3）将网络节点与它对应的实体用 A 键连接（NN1 与传送带暂存区连接、NN2 与货架 1 连接等）。如果连接正确，将会出现一条蓝色的线（如果不能看见蓝色线，则需要移动网络节点），如图 10-15 所示。

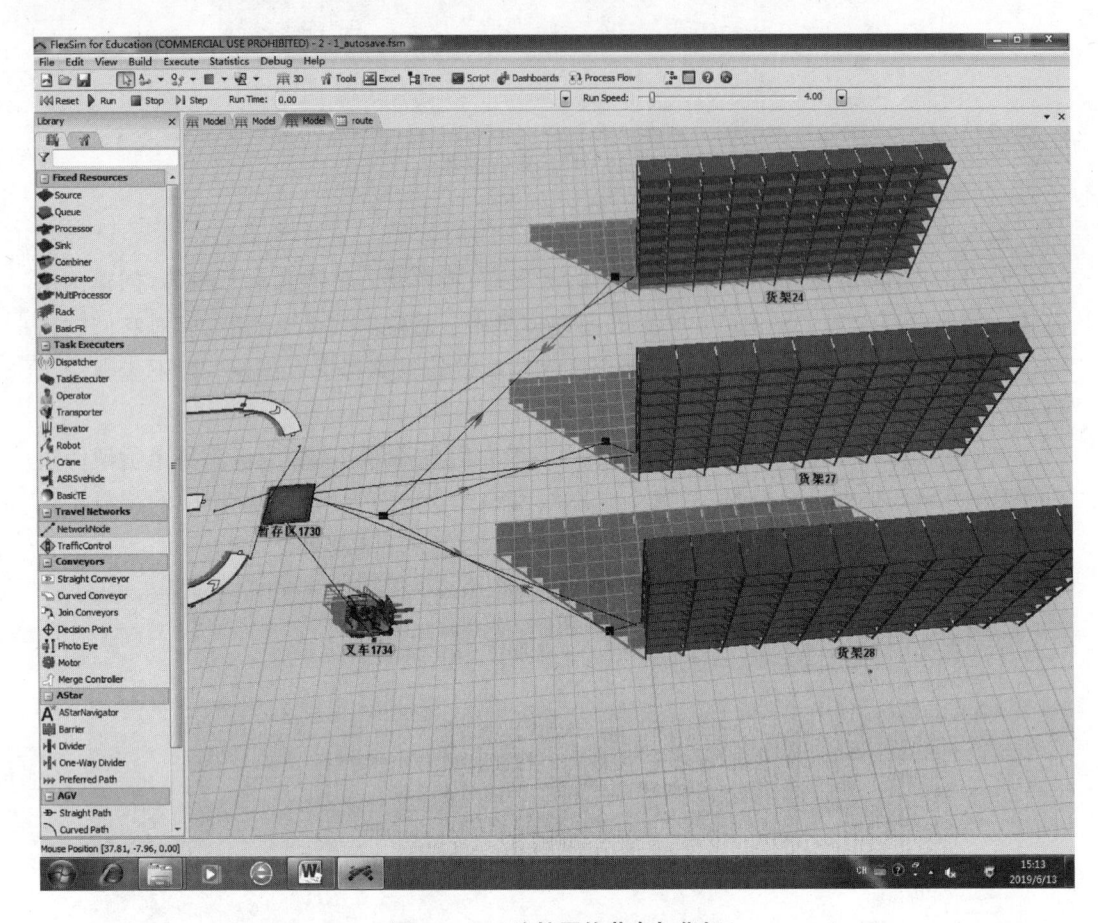

图 10-15　连接网络节点与货架

（4）把叉车连接到网络路径。为了让叉车知道它必须在路径上行驶，必须把它连接到路径网络中的某个节点上。按住键盘 A 键然后连接叉车和 NN1。重置和运行模型时，与叉车连接的那个节点将成叉车的起始位置。

第 9 步：重置、保存、运行模型

现在，可以重置、保存、运行模型来查看叉车是否在网络路径行驶（见图 10-16）。

在模型运行的时候，可以注意到，叉车在装载和卸载临时实体时，会离开网络节点。这是因为在叉车属性中选择了"执行装载/装卸任务时进行行进偏移"。

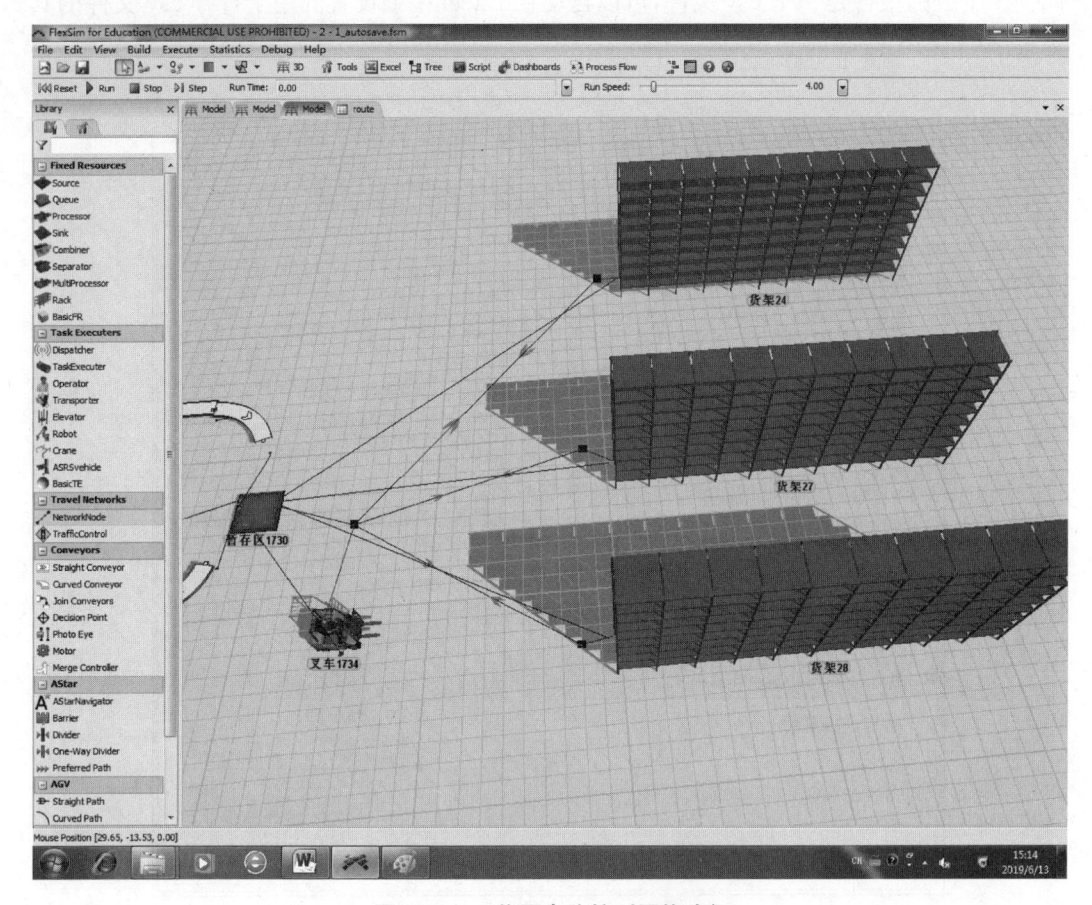

图 10‑16　将叉车连接到网络路径

第 10 步：使用报告查看输出结果

模型运行一段时间以后，如果想要查看仿真的汇总结果，可以选择"统计→报告与统计"(见图 10‑17)。

图 10‑17　选择统计

在"报告与统计"对话框中选择"汇总报告"选项卡(见图 10‑18)。

要生成一个最基本的报告，点击生成报告。使用这个界面，也可以向报告中添加其他属性。生成的报告是一个 csv 文件,可以自动在 Excel 中或设置的用于打开 csv 文件的其他程序中显示(见图 10-19)。

图 10-18 选择汇总报告选项卡

图 10-19 仿真报告

第 11 步:使用实验控制器多次运行仿真进行试验

要访问 FlexSim 中的实验器,选择统计主菜单→实验器,弹出实验器窗口(见图 10-20)。

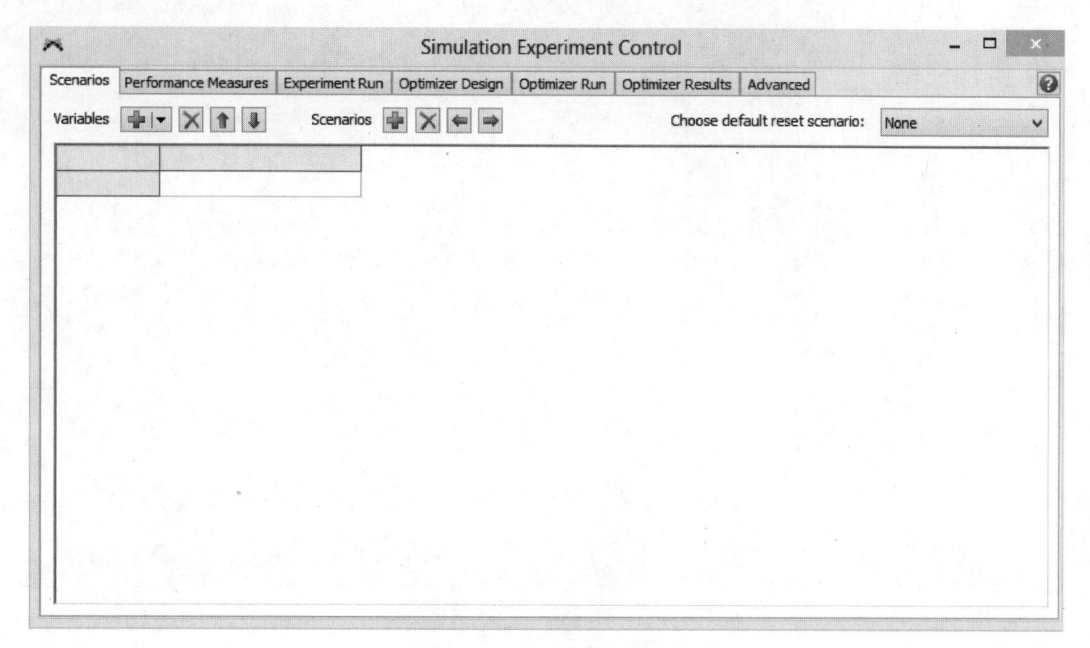

图 10-20　实验器窗口

使用实验器不仅可以多次运行一个模型,还可以运行模型的多个方案。当运行多个方案时,可以指定几个实验变量,设置每个方案中这些变量的值。针对在绩效指标选项卡上定义的每个绩效指标,实验器将计算和显示置信区间。关于实验器的更多信息,可以参考实验器帮助文档。

参考文献

[1] 邱小平.物流系统仿真[M].北京:中国物资出版社,2012.

[2] 彭扬,伍蓓.物流系统优化与仿真[M].北京:中国物资出版社,2007.

[3] 彭扬,吴承健.物流系统建模与仿真[M].杭州:浙江大学出版社,2008.

[4] 张晓萍,石伟,刘玉坤.物流系统仿真[M].北京:清华大学出版社,2008.

[5] 王红卫,等.物流系统仿真[M],北京:清华大学出版社,2009.

[6] 傅培华,彭扬,蒋长兵.物流系统仿真[M].北京:清华大学出版社,2006.

[7] 《现代应用数学手册》编委会.现代应用数学手册:概率统计与随机过程卷[M].北京:清华大学出版社,2000.

[8] 张晓萍,颜永年,吴耀华,等.现代生产物流与仿真[M].北京:清华大学出版社,1998.

[9] 王红卫.建模与仿真[M].北京:科学出版社,2002.

[10] 蒋昌俊. Petri 网的行为理论及其应用[M].北京:高等教育出版社,2003.

[11] 吴启迪.系统仿真与虚拟现实[M].北京:化学工业出版社,2002.

[12] 张茂军.虚拟现实系统[M].北京:科学出版社,2001.

[13] 杨宝军,朱一.分布式虚拟现实技术及其应用[M].北京:科学出版社,2000.

[14] LAW A M, KELTON W D. Simulation Modeling and Analysis[M].3rd ed Reprintd ed. Beijing:Tsinghua University Press,2000.

[15] BANKS J, CARSON J S II. Discrete-Event System Simulation[M]. New Jersey, Englewood Cliffs:Prentice-Hall,1984.

[16] LACKSONEN T. Empirical comparison of search algorithms for discrete event simulation[J]. Computers & industrial Engineering,2001,40:133-148.

[17] WHITLEY D. An overview of evolutionary algorithms:practical issues and common pitfalls[J]. Information and Software Technology,2001,43:817-831.

[18] LIU C M. Clustering techniques for stock location and order-picking in distribution center[J]. Computers & Operations Research.1999,26:989-1002.

[19] PATEL V, ASHBY J, MA J. Discrete event simulation in automotive final process system[C]. YUECESAN E, CHEN C H, SNOWDON J L,et-al Proceeding of the 2002 Winter Simulation Conference. Institute of Electrical and Electronics Engiers,2002:1030-1034.